いちからわかる消費者問題

相談対応で困らない！

● 原 早苗・坂本かよみ・石渡戸眞由美 編著

ぎょうせい

はじめに

　いま、私たちは国境を越えて24時間休みなくモノやサービス、情報が流通する社会のなかで便利で豊かな生活を享受しています。一方、身のまわりではインターネットを利用した契約トラブルや架空請求による被害、安全性を欠いた製品で怪我をするといった事故などさまざまなトラブルが起きています。
　しかし、新しい商品やサービスが次々に現れるなかで、商品の仕組みや契約内容がわかりにくいものが増え、消費者は自分に適したものを選ぶことや、トラブルにあったときどうすればよいかを判断することが難しくなっています。

　この本は、現在起きているさまざまな消費者トラブルの事例を糸口に、消費者問題とは何かを理解していただきたいという思いを込めて作成しました。

　若者や高齢者に多い契約トラブルやインターネット、住まい、多重債務、製品の安全や食品表示など幅広くトラブル事例を取上げ、その解説と解決方法をわかりやすく紹介しています。後半では環境問題、消費者・企業・行政の消費者問題への取組み、今後の消費者教育についても触れています。また、「ひと口メモ」で消費者問題のキーワードを説明、「コラム」で歴史的なできごとを解説しました。
　消費者問題全般をテーマごとに完結して、どこからでも読むことができるように工夫しました。

　今後、民法を改正し成人年齢が20歳から18歳に引き下げられることが予定されていることから、消費生活相談の現場では、トラブルが高校生にまで広がるのではないかと心配されています。また、超高齢化社会の本格的な到来や環境問題の解決のための取組みは待ったなしです。さらに、AI（人工知能）を搭載した製品の普及がはじまっていることやネット社会のさらなる進展により、新たな消費者問題が起きたり問題がいっそう複雑化することが予測されています。

　消費者問題を学ぶことが一層大切になってきています。この本が消費生活相談窓口や行政に携わる方々、学校教育現場の先生をはじめ多くの方々にとって、消費者問題への理解を深めるきっかけになることを願っています。

本の作成にあたっては、消費生活相談員、消費者行政職員、消費者問題に携わる多くの知人から貴重なご助言をいただきました。山田茂樹氏（司法書士）からは第3章、第4章について、また佐々木幸孝氏（弁護士）からは法律面のアドバイスをいただきました。皆様にお礼を申し上げます。

　2018年2月

執筆者一同

目　次

はじめに

第1章　若者、高齢者の消費者トラブル
1．若者の消費者トラブル ……………………………………… 1
　〈さまざまな契約トラブル〉 ……………………………………… 2
　〈トラブルの解決方法〉 ……………………………………………… 3
　　ひと口メモ：高収入アルバイトなど、裏の危険 ………… 3
2．高齢者の消費者トラブル …………………………………… 4
　〈さまざまな契約トラブル〉 ……………………………………… 4
　〈トラブルの解決方法〉 ……………………………………………… 5
3．消費者トラブルの救済 ……………………………………… 6
　〈消費生活相談の仕組み〉 ………………………………………… 6
　　ひと口メモ：消費生活センター・消費生活相談窓口に相談
　　　　　　　　できること ……………………………………………… 7
　　ひと口メモ：ADR（裁判外紛争解決手続）について …… 8
4．高齢者を見守る仕組み ……………………………………… 8
　〈地域の連携により解決した事例〉 ………………………… 8

第2章　消費者トラブルを解決するための法律
1．契約の基本原則を定めている民法 …………………… 12
　〈契約とは〉 ……………………………………………………………… 12
　〈いろいろな契約〉 …………………………………………………… 12
　〈18歳成年になったら〉 …………………………………………… 13
　　ひと口メモ：判断力不十分者の契約（成年後見制度） …… 14
　〈民法における契約の無効、取消し、解除〉 ………… 14
2．新たな民事ルール・消費者契約法 …………………… 15
　〈不当な勧誘による契約の取消し〉 ……………………… 15
　〈契約条項の無効〉 …………………………………………………… 17

　　　　〈適格消費者団体の活動により契約条項が改善された事例〉
　　　　　　　　　　　　　　　　　　　　　　　　　　　　　 18
　　　　　ひとロメモ：消費者契約法改正の主なポイント ……… 19
　3．特定商取引法 ………………………………………………… 20
　　　〈事業者を規制する規定〉 ……………………………………… 20
　　　　　ひとロメモ：特定商取引法改正の主なポイント ……… 20
　　　〈クーリング・オフ制度〉 ……………………………………… 20
　　　　　ひとロメモ：特定継続的役務提供の中途解約の場合の精算
　　　　　　　　　　 方法 ……………………………………………… 22
　4．民法改正 ……………………………………………………… 22
　　　〈民法改正の主な内容〉 ………………………………………… 22
　　　　　コラム　クーリング・オフ制度の創設 ………………… 23
　　　　　コラム　豊田商事事件 …………………………………… 24

第3章　インターネット社会と消費者
　1．ネット社会で起きている消費生活の変化 ………………… 25
　　　〈ネット社会で起きていること〉 ……………………………… 25
　　　〈ネットを利用するために必要な契約〉 ……………………… 26
　2．ネット上のさまざまなトラブル …………………………… 27
　　　〈ネットを利用するための回線接続契約〉 …………………… 28
　　　　　ひとロメモ：格安スマホとは ……………………………… 29
　　　〈消費者を狙う広告〉 …………………………………………… 29
　　　〈いろいろなネット広告〉 ……………………………………… 30
　　　〈情報商材、アフィリエイト、マルチ商法、モデル・タレン
　　　　ト〉 ………………………………………………………………… 30
　　　〈トラブル（a、b、c、d）の解決方法〉 ……………………… 31
　　　〈ネット通販〉 …………………………………………………… 32
　　　　　ひとロメモ：スマートフォンで人気のフリマアプリ …… 33
　　　〈オンラインゲーム〉 …………………………………………… 34
　　　〈アダルトサイトなどの不当、架空請求〉 …………………… 34
　　　〈サクラサイト商法〉 …………………………………………… 35
　　　　　ひとロメモ：著作権、肖像権 ……………………………… 36
　　　　　ひとロメモ：電子商取引及び情報財取引等に関する準則

　　　　　　　　　　　　　　　　　　　　　　　…………… 37
　　3．個人情報保護法 ……………………………… 37
　　　〈個人情報とは〉 ………………………………… 37
　　　〈個人情報保護法とは〉 ………………………… 37

第4章　クレジットと多様な支払い方法
　　1．クレジットの基礎知識 ………………………… 41
　　　〈クレジットの仕組み－1　個別クレジット方式〉 ………… 41
　　　〈クレジットの仕組み－2　包括クレジット方式〉 ………… 42
　　　　ひと口メモ：決済代行業者って何？ ……………… 43
　　　〈海外の決済代行業者を介在させた詐欺的な商法〉 ……… 43
　　　　ひと口メモ：最近の割賦販売法の主な改正項目 ………… 44
　　2．クレジット決済 ………………………………… 44
　　　〈リボルビング払いとは〉 ………………………… 44
　　　〈クレジット決済のトラブル〉 …………………… 46
　　　　ひと口メモ：チャージバック制度とは？ ………… 46
　　　〈個人信用情報機関〉 ……………………………… 46
　　　〈ネットで安全なクレジット決済をする〉 ……… 47
　　3．キャッシュレスが進む、多様な支払い方法 … 47
　　　〈支払い方法の主な種類と仕組み〉 ……………… 47
　　　　ひと口メモ：電子マネーなどプリペイドカードを規制する
　　　　　　　　　　法律 ……………………………………… 49
　　　〈サーバ型電子マネーで起きるトラブル〉 ……… 49
　　　〈仮想通貨とは〉 …………………………………… 50
　　　　ひと口メモ：スマートフォンで決済 ……………… 51
　　　　ひと口メモ：ポイントや特典に惹かれてカードを作ると
　　　　　　　　　　　　　　　　　　　　　　　　　… 51
　　　　コラム　抗弁の接続とは ………………………… 52

第5章　変わる金融と消費者
　　1．投資型商品のトラブル ………………………… 53
　　　〈ファンド型投資商品〉 …………………………… 53
　　　〈海外FX取引〉 ……………………………………… 54

　　　　ひと口メモ：FX取引（外国為替証拠金取引）と不招請勧
　　　　　　　　　誘の禁止 ………………………………………… 55
　　〈未公開株・あやしい社債〉 ……………………………………… 55
　　〈仮想通貨の投機商品〉 …………………………………………… 55
　　〈トラブルになりやすい勧誘方法〉 ……………………………… 56
　　〈トラブルにあわないためには〉 ………………………………… 56
　　〈金融商品販売法、金融商品取引法とは〉 ……………………… 57
　　〈フィンテックで大きく変わる金融の世界〉 …………………… 58
　　　　ひと口メモ：社会的責任投資とは ………………………… 58
　　　　ひと口メモ：確定拠出年金 ………………………………… 59
　2．生命保険、損害保険のトラブル ……………………………… 59
　　〈生命保険〉 ………………………………………………………… 59
　　〈損害保険〉 ………………………………………………………… 60
　　　　ひと口メモ：外貨建て保険のトラブル …………………… 61
　　　　コラム　保険の転換問題　不払い問題 …………………… 61

第6章　多重債務に陥らないために

　1．お金を借りることができる主なところ ……………………… 64
　2．多重債務のトラブル …………………………………………… 64
　　〈生活苦による多重債務〉 ………………………………………… 64
　　〈リボルビング払いによる多重債務〉 …………………………… 65
　3．多重債務を減らすために ……………………………………… 65
　　〈貸金業法、出資法、利息制限法の改正〉 ……………………… 66
　　　　ひと口メモ：過払い金が戻るって何？ …………………… 67
　4．ヤミ金融 ………………………………………………………… 67
　　　　ひと口メモ：銀行系のカードローン ……………………… 68
　　〈多重債務に陥らないために〉 …………………………………… 68
　　　　ひと口メモ：安心してお金を借りられるところ ………… 69
　　〈法律にもとづく借金の整理の仕方〉 …………………………… 69
　　　　コラム　多重債務問題の取組み …………………………… 70

第7章-1　住まい
住宅の耐震、売買、リフォーム、賃貸の契約編

1．建物の耐震や性能の問題 …………………………………… 71
　〈耐震改修を促進する〉 ……………………………………… 72
2．住宅の性能や品質を確保する法律 ………………………… 72
　（1）住宅の品質や機能をわかりやすく表示する制度 ……… 73
　（2）新築住宅の重要な構造部分の瑕疵担保責任 ………… 73
　（3）住宅トラブルを解決するための指定紛争機関の設置 … 74
　　コラム　欠陥プレハブ住宅 ……………………………… 76
　　コラム　耐震偽装事件や建設関係者の手抜き工事 …… 76
3．不動産売買の問題 …………………………………………… 77
　〈宅地建物取引業法〉 ………………………………………… 77
　〈投資用マンションの契約トラブル〉 ………………………… 78
　　ひと口メモ：エコ住宅、エコ助成金 …………………… 79
4．リフォームトラブル …………………………………………… 79
　〈さまざまなトラブル〉 ………………………………………… 79
　〈トラブルを解決するには〉 ………………………………… 80
　　ひと口メモ：リフォーム瑕疵保険とは ………………… 80
　　こぼれ話　リフォーム詐欺事件で消費生活相談員が活躍
　　　　　　　………………………………………………… 81
5．賃貸借契約 …………………………………………………… 81
　〈契約前のトラブル〉 ………………………………………… 81
　〈入居中のトラブル〉 ………………………………………… 82
　〈退去時のトラブル〉 ………………………………………… 82
　　ひと口メモ：シェアハウスのトラブル ………………… 83

第7章-2　住まい
高齢者の施設、住宅編

1．高齢者の施設・住宅 ………………………………………… 84
　〈さまざまな施設・住まい〉 ………………………………… 84
　　ひと口メモ：高齢者の施設（住宅）にかかわる法律 … 86
2．施設や住宅を選ぶときの注意 ……………………………… 86

〈高齢者の施設（住宅）を探す〉 ……………………………………… 86
　　　ひと口メモ：地域包括支援センターって何をするところ？
　　　　　………………………………………………………………… 87
　　〈民間の施設に入居契約をするときは〉 ………………………… 87
　　　コラム　有料老人ホーム問題に取組む ………………………… 89
  3．トラブルの解決方法 ……………………………………………… 89
　　〈入居中のトラブル〉 ………………………………………………… 89
　　〈退去時のトラブル〉 ………………………………………………… 90
　　　ひと口メモ：有料老人ホーム等の短期解約特例制度（いわ
　　　　ゆる 90 日ルール） ……………………………………………… 91
　　　ひと口メモ：身元保証サポート事業 ……………………………… 91
　　　ひと口メモ：地域包括ケアシステムの整備：24 時間対応
　　　　の定期巡回、随時対応サービス ………………………… 92

第 8 章　製品の安全確保、製品事故から身を守るには
  1．身のまわりのさまざまな事故 …………………………………… 93
　　〈子どもに多い事故〉 ………………………………………………… 93
　　　ひと口メモ：子どもを事故から守るために ………………… 94
　　〈高齢者に多い事故〉 ………………………………………………… 94
　　〈エステティック・美容医療、アレルギーによる発症〉 …… 95
　　　ひと口メモ：旧茶のしずく石鹸、美白薬用化粧品 ………… 96
　　〈リコールをしたにもかかわらず、回収されなかった製品に
　　　よる事故〉 ………………………………………………………… 96
　　〈ネット販売の製品による事故〉 ………………………………… 96
  2．製品の安全を確保する取組み …………………………………… 97
　　〈消費者安全法を制定、事故情報を一元的に集める〉 ……… 97
　　〈消費者の手で事故を調べたい！消費者安全調査委員会の設
　　　置〉 ………………………………………………………………… 98
　　　コラム　消費者庁設置のきっかけとなった製品事故 …… 100
  3．製造物責任法 ……………………………………………………… 100
　　〈製造物責任法とは〉 ……………………………………………… 100
　　〈法律の制定により事故を未然に防ぐ効果〉 ……………………… 101
　　　こぼれ話　消費者のための製造物責任法を求める連絡会

　　　　　を結成 ·· 101
　4．製品の事故情報を知ろう ································ 101
　　〈事故情報を掲載している HP〉 ···························· 101
　　　　コラム　製品の品質を向上させた商品テスト ········· 103

第9章　食品の表示と安全
　1．健康食品が氾濫 ·· 106
　　〈健康食品の誇大広告〉 ·· 107
　　〈健康障害を引き起こした事例〉 ···························· 108
　　〈消費者へのアドバイス〉 ···································· 109
　　　ひと口メモ：体験談による効能効果を読んで誤認、契約
　　　　　　　　解除は可能か ···································· 109
　2．食品の表示 ·· 110
　　〈食品表示法の制定〉 ·· 110
　　　ひと口メモ：捨てられる食品（食品ロス）をなくそう
　　　　　　　　 ·· 112
　　　　コラム　偽装表示事件 ···································· 112
　3．食品の安全 ·· 112
　　〈食中毒、食品添加物、残留農薬〉 ························· 112
　　〈輸入食品〉 ·· 113
　　　　コラム　森永ヒ素ミルク事件、カネミ油症事件 ······ 116
　　　　コラム　ポストハーベスト（収穫後農薬）と消費者運動
　　　　　　　 ··· 116

第10章　商品選択のための広告や表示
　1．景品表示法 ·· 117
　(1)　問題になっている広告や表示 ·························· 118
　　〈優良誤認の広告〉 ··· 118
　　〈有利誤認の広告〉 ··· 118
　　〈ネット上における広告や表示〉 ···························· 119
　(2)　不当に得た利益を回収する「課徴金制度」を導入 ······ 120
　　〈課徴金制度とは〉 ··· 120
　　　ひと口メモ：日本広告審査機構（JARO）の活動 ······· 121

　　　　　ひと口メモ：新聞の景品に自主規制ルール（公正競争規
　　　　　　約） ……………………………………………………… 121
　　　　　ひと口メモ：景品表示法に課徴金制度を導入 ……… 121
　　　　　コラム　牛の絵の表示で中身は馬肉、景品表示法の制定
　　　　　　へ ………………………………………………………… 122
　　2．家庭用品品質表示法、消費生活用製品安全法、高圧ガス保
　　　　安法 ………………………………………………………… 122
　　　〈繊維製品の洗濯表示が変わる〉 ……………………………… 122
　　　　　こぼれ話　洗浄剤による死亡事故で「混ぜるな危険」の
　　　　　　表示へ …………………………………………………… 123
　　　〈製品の危険性がわかるように表示する制度〉 …………… 123
　　3．公正な市場を守る独占禁止法 ………………………… 124
　　　〈独占禁止法とは〉 ………………………………………… 124
　　　　　コラム　消費者団体が立ち上がったカラーテレビの買控え
　　　　　　運動、灯油カルテルによる損害賠償を求めた運動
　　　　　　 …………………………………………………………… 125

第11章　環境に配慮した消費生活
　　1．地球の温暖化 …………………………………………… 128
　　　〈温暖化防止のための対策〉 ……………………………… 128
　　2．地球温暖化問題へのさまざまな取組み ……………… 129
　　　〈再生可能エネルギー〉 …………………………………… 129
　　　　　ひと口メモ：再生可能エネルギーを固定価格で買取る
　　　　　　制度 ……………………………………………………… 130
　　　〈電気、ガスの小売自由化〉 ……………………………… 130
　　　〈消費者ができること〉 …………………………………… 131
　　3．循環型社会をめざす …………………………………… 132
　　　〈循環型社会とは〉 ………………………………………… 132
　　　　　ひと口メモ：不用品の買取りでトラブルになることも
　　　　　　 …………………………………………………………… 132
　　　　　ひと口メモ：希少資源を回収して東京オリンピックのメ
　　　　　　ダルを …………………………………………………… 133
　　　〈グリーン・コンシューマー〉 …………………………… 133

〈公正な取引　フェアトレード〉 …………………… 134
〈環境に配慮した消費者行動　エシカル消費〉 …………… 134
　　ひと口メモ：野生生物の保護 …………………… 135
　　コラム　消費者団体の環境問題への取組み ………… 135

第12章　消費者、企業、行政それぞれの取組み

1．「消費者」の役割、消費者運動の力 … 137
〈消費者団体の取組み〉 ……………………………… 137
〈適格消費者団体とは〉 ……………………………… 138
〈損害賠償請求ができる特定適格消費者団体〉 ………… 139
　　コラム　日本の消費者運動 ……………………… 140
　　コラム　消費者団体の訴える権利が争われたジュース裁判
　　　　　 ……………………………………………… 141

2．事業者の取組み … 141
〈消費者関連専門家会議（ACAP）の登場〉 …………… 141
〈消費者志向経営〉 …………………………………… 142
〈企業の社会的責任〉 ………………………………… 142
　　ひと口メモ：公益通報をした労働者を守る法律 …… 143

3．行政の取組み … 143
〈消費者基本法の制定〉 ……………………………… 143
〈消費者庁・消費者委員会の設置と国民生活センター〉 … 144
〈消費者庁・消費者委員会が取り組んだこと〉 ………… 144
　　コラム　消費者行政の歩み、消費者保護から自立支援へ
　　　　　 ……………………………………………… 146
　　コラム　消費者庁・消費者委員会設置は、行政の基本理
　　　　　念の転換 …………………………………… 147
　　こぼれ話　消費者庁創設の議論 ………………… 147

4．地方消費者行政 …………………………………… 147
〈消費生活センター・相談窓口の充実へ〉 ……………… 148
　　コラム　消費生活相談員 ………………………… 148

5．海外の消費者問題の取組み … 149
〈国際消費者機構の動きなど〉 ………………………… 149
　　ひと口メモ：アメリカのケネディ大統領による「消費者

　　　　　4つの権利」 ……………………………………… 149
　　　ひと口メモ：国際消費者機構（IOCU、現在はCI）の8
　　　　　つの権利と5つの責任 ……………………… 150
　　　ひと口メモ：国際標準化機構（ISO）とは ………………… 150

第13章　何を学び、考えるのか　消費者教育
　1．消費者教育をすすめる ……………………………………… 151
　　〈消費者教育推進法の制定〉 ……………………………… 151
　　〈消費者教育を実践するために〉 ………………………… 153
　2．これからの消費者教育 ……………………………………… 154
　　〈消費者市民社会がクローズアップ〉 …………………… 154
　　〈自らの行動を自覚した消費者に〉 ……………………… 155
　　　コラム　消費者教育のこれまでの取組み ……………… 156

資料編
　1．問合わせ先・相談先一覧 …………………………………… 157
　2．参考図書等 …………………………………………………… 160
　3．年表 …………………………………………………………… 162

第1章　若者、高齢者の消費者トラブル

　私たちは、日常生活を送るときさまざまな契約をしています。

　そのなかには、広告内容や説明されたことと実際が違っていたり、強引な勧誘や詐欺的な勧誘を受けて契約をしてしまうこともあります。購入した製品で事故にあうこともあります。

　消費者トラブルにあったとき、消費者は、契約した企業（事業者）や消費生活センターや消費生活相談窓口に問い合わせをしています。

　全国各地の消費生活センター等には、近年、年間約90万件の相談が寄せられています。その内容は、商品やサービスの「契約」に関する相談や苦情（以下、相談）が約7割を占めています。

　販売方法では、訪問販売や電話勧誘販売、通信販売、マルチ商法、訪問購入など店舗以外の販売方法が全相談の約6割となっています。特に、テレビショッピングやインターネットで契約をする通信販売の割合が全相談の4割近くを占め通信販売のトラブルが多くなっています。

　また、架空請求に代表されるような詐欺性が強い事業者によるトラブルも増えています。

　消費生活センター等には、年代を超えてさまざまな相談が寄せられていますが、この章では、被害が深刻になりやすい若者と高齢者の相談を取上げました。

1. 若者の消費者トラブル

　キャッチセールスやアポイントメントセールス、マルチ商法は、社会経験が浅い若者を狙った典型的な商法です。特にマルチ商法は成人を迎えた直後に被害にあう傾向があります。

　これらの商法は日本が高度経済成長した1970年代に登場し、現在も形をかえて同様にトラブルが起きています。

　商品やサービスの契約代金の支払方法は主に分割返済が可能なクレジット契約によって行われていますが、消費者金融に誘導されるケースもあります。

インターネットトラブルや賃貸アパートの契約トラブルも多くみられます。（第4章、第6章を参照）

〈さまざまな契約トラブル〉

キャッチセールス
繁華街の路上で「アンケートに答えて」「無料体験」などと、声をかけて店舗に連れていき、断りきれない状況の中で契約をさせる商法です。（化粧品やエステティック、美顔器、モデル・タレントなど）

特に10代の若者に関心が強いモデル・タレントの契約は、最近はネット情報を見て自分で事務所に出向き、トラブルになっています。

アポイントメントセールス
販売目的を告げずに電話などで呼出して、高額な商品やサービスの契約をさせる商法です。最近では、SNSで知り合った人に誘われて喫茶店などに出向き、そこで紹介された人から勧誘されるケースが増えています。（貴金属、化粧品、投資契約など）

マルチ商法
個人が販売組織に加入し、次に友人や知人などを勧誘して「販売組織に入ると収入がある」などと言って商品やサービスを契約させたり加入金等を払わせ、加入するとマージンを得る仕組みで販売組織を拡大する商法です。契約金額は、「すぐ取戻せる」などと言って消費者金融（サラ金）で借金をさせるケースもみられますが簡単に収入を得ることは困難です。被害者から加害者になり友人関係が壊れることもあります。（健康食品や投資契約など）

エステティック契約
「脱毛」「痩身」「美顔」などは、長期の契約になることが多く、途中で通えなくなったり、効果がないなどのトラブルもあります。熱傷やアザなどの危害トラブルになるケースもみられます。（第8章参照）

ネット通販
初回500円などの格安を強調した広告を見て申し込んだら、定期購入になっていたというトラブルが増えています。一定回数は解約できない規定も多くあります。（女性には痩身、男性には筋肉増強などのサプリメントなど。第3章参照）

中古自動車、スマートフォンなどの修理

「中古車販売店で、契約時に修理されていると説明されたが、実際は修理されていなかった」、「購入後トラブルがあったが契約書に修理しないと書かれている」、「事故車だった」などのトラブルが起きています。スマートフォンでは、発火事故や画面表示の故障トラブルもあります。

包茎手術の契約

雑誌やホームページで、10万円以下の格安価格の広告をみて医療機関に出向いたら、100万円以上の高額な契約となり、その日のうちに施術となったというトラブルがあります。そのなかには、未成年者の契約もみられます。

〈トラブルの解決方法〉

　キャッチセールスやアポイントメントセールス、マルチ商法は、原則クーリング・オフが適用されます。エステティックの契約は、一定の条件があればクーリング・オフや中途解約をすることができます。ネット通販は、返品の可否や返品期限などについて書かれている場合はそれに従います。返品の可否について書かれていない場合は受取った日から8日以内なら送料負担で返品ができます。その他の事例は、クーリング・オフが適用されませんが、消費者契約法によって取消ができる場合もあります。（第2章参照）

ひと口メモ：高収入アルバイトなど、裏の危険
- 「高収入」と書かれている広告には、サクラサイト商法のサクラ役（第3章参照）や、スマートフォン契約の名義貸し（自分の名前を貸してお金をもらう）など、違法行為にあたる広告もあります。アルバイト感覚で罪の意識がなくても、加害者になることになります。
- クレジットカードを使ったトラブルでは、事業者から指定された商品をクレジットカードで購入し、その商品を事業者に送り商品代金の何割かの現金を受取るという事例があります。一時的に現金を受取ってもクレジット代金の返済が残ります。またクレジットカード契約に違反する行為でもあります。
- 大学の仲間から「簡単な仕事で稼げる」と誘われ、応募した学生が現金を受取りに行った被害者宅でオレオレ詐欺の現行犯で逮捕された事件もあります。

2. 高齢者の消費者トラブル

　高齢者（65歳以上）の消費者トラブルは、2016年度は24.4万件で全相談の約28％を占めています（平成29年版『消費者白書』）。高齢者の中には、一人暮らしで孤独であったり、判断力の低下や、経済面や健康面の不安、新しい商品やサービスの内容や仕組みが理解しにくいなどの問題を抱えた高齢者が多くいます。こうした高齢者の状況に付入った悪質商法があとを絶ちません。

〈さまざまな契約トラブル〉

訪問販売、点検商法、次々販売

- 新聞の購読契約では、「アンケートに答えて」「引越しのあいさつ」などと販売目的を隠して訪問したり、まだ契約期間中なのに景品を渡して新たな購読契約をさせるなどのトラブルがあります。高齢者に9年間の購読契約をさせた例もあります。若者にも同様のトラブルがみられます。
- 突然「無料で点検する」などと訪問し、「このまま放置すると雨漏りする」「布団にダニがたくさんいるので健康に悪い」などと言って不安にさせて契約をさせます。一度契約すると、次々に新たな契約を結ばせることもあります。（屋根、外壁、床下換気扇などのリフォーム工事、布団、消火器など）

SF（催眠）商法

　「景品をプレゼント」などと誘って、狭い会場（空き店舗やガレージなど）で、食料品や日用雑貨などを無料で配り高揚した雰囲気の中で、最後に高額な商品を売りつける商法です。最近は、店舗を数か月常設し、たくみな話術による講座や格安商品を販売するなどで継続的に来場者を集め次第に高額な商品を契約させる販売方法も現れています。（布団、健康器具、健康食品など）

原野商法

　将来値上がりするなどと勧誘して、ほとんど価値がない土地を高値で売りつける商法です。昔買った土地の処分に困っている人に、測量や除草をしたら売れると言って測量や除草の契約をさせたり、別の土地に交換したら売れるなどと言って、新たな契約をさせる二次被害も多くあります。

展示会商法

　店舗で商品を購入したことをきっかけに展示会に誘い、会場では数人で囲み断

ることができない雰囲気の中で契約をさせる商法です。その後も「見るだけ」などと誘い、総額数千万円の被害にあった高齢者もいます。（着物、宝石、絵画など）

送りつけ商法

一方的に商品を送りつけて代金を払わせようとする商法です。「録音がある」「裁判にする」と商品の引取りを強要したり、損害金を請求するケースもあります。（健康食品、カニなどの食品）

テレビショッピング

「すごい効果がある」「残りが少しになった」という宣伝にあおられて申し込んだが、宣伝内容と違うなどのトラブルが起きています。

金融トラブル

電話で勧誘されたファンドを、内容を理解しないまま契約し、「元本保証と理解していたのに元本割れした」というようなトラブルがあります。（第5章参照）

アダルトサイト、出会い系サイト

「検索をしていたらアダルトサイトにつながり18歳以上をクリックしたら契約になった」「無料だったのでクリックしたら6万円請求された」などの不当請求や架空請求のトラブルがあります。「お金をあげる」「遺産を渡したい」などのメールのやりとりをするためにポイントを買って高額な支払いになったという出会い系サイトのトラブルも多くあります。（第3章参照）

海外宝くじ

ダイレクトメールが届き、宝くじが当たったと書かれていたので手続き費用を払ったら、その後ダイレクトメールが次々届き段ボール箱一杯になったというケースや、宝くじの受取り費用を合計で数百万円の被害にあったというケースなどがあります。

光回線の契約

電話勧誘で、「今までと同じサービス内容で安くなる、工事も不要」と説明を受けたが、解約したらキャンセル料と元に戻す工事費用を請求されたなどのトラブルがあります。（第3章参照）

〈トラブルの解決方法〉

訪問販売、点検商法、次々販売、SF商法、原野商法、展示会商法はクーリング・オフが適用されます。（展示会の日数などによっては適用されないこともありま

す。）送りつけ商法は、一方的に送られてきた場合は受取る義務や支払い義務はありません。電話勧誘で無理に買わされた場合はクーリング・オフが適用されます。テレビショッピングは通信販売の規定が適用されます。アダルトサイトや出会い系サイト、海外宝くじは詐欺性が強く、そもそも契約が成立していないと考えられ、支払う必要はない場合も多くあります。

3. 消費者トラブルの救済

　全国には、都道府県や市町村単位で、消費生活センター・消費生活相談窓口（名称はそれぞれ違う）が設置されています。

　消費生活センター等は、市民の消費生活の安定と向上を図ることを目的として、消費者安全法にもとづき、都道府県は設置義務、市町村は設置する努力義務があります。

　消費生活センター等には、消費生活相談に関する専門的な知識と経験を有する消費生活相談員を配置することが義務づけられており、相談業務や啓発事業などを行っています。

〈消費生活相談の仕組み〉

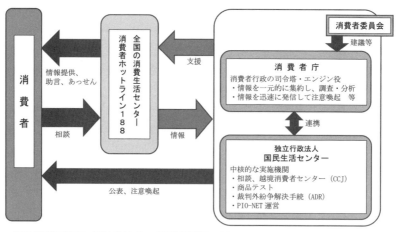

・消費生活相談の窓口は、消費生活センター、消費生活相談窓口です。
・消費者ホットライン188番は、全国共通の電話番号から近くの消費生活センター等の相談窓口を案内しています。2015年7月から局番なしの「188番」となりました。
・PIO-NETとは、国民生活センターと全国各地の消費生活センター等を結んだ全国消費生活情報ネットワークシステムで、消費者相談を収集するシステムです。消費者被害の防止や拡大防止、消費者相談業務の支援、消費者政策などに活用されています。

① 消費生活に関する情報の問い合わせや相談ごとは、居住地の消費生活センター等や消費者ホットライン188（電話機や携帯電話のプッシュホンで188と入力する）に相談しましょう。
② 消費生活センター等では、消費生活相談員が相談内容に応じて、次のような対応をします。

◇情報提供・専門機関紹介
　消費者から相談を聞き、それぞれの相談内容にあった生活知識や商品情報、事故情報などを情報提供します。また、適切な専門機関を紹介したり、必要に応じて専門機関につなぐことも行います。

◇自主交渉をするときの助言
　消費者が、自ら事業者に連絡してトラブル解決のための話合いができる場合は、法律知識などの必要な助言を行います。

◇あっせん（事業者交渉）
・相談内容や年齢などから、消費者自らが事業者に交渉することが難しいと判断した場合は、消費生活相談員が中立な立場でトラブル解決に向けて事業者との間で話合いや調整を行う「あっせん」を行うこともあります。
・契約までの事情を聞取り、関係書類（契約書、領収書、パンフレットなど）を確認して、対応します。（第2章参照）

> **ひと口メモ：消費生活センター・消費生活相談窓口に相談できること**
> 　消費生活センター等は、紹介した事例だけでなく、「クリーニングで洋服が縮んだ」「引越し業者に大切な家具を傷つけられた」「不用品引取り業者に頼んだら高額な請求をされた」「旅行のキャンセルで旅行会社ともめている」「興信所の契約で高額請求された」「食べ物の賞味期限」「製品を買うときの注意点」「鍋の取っ手が折れてヤケドした」「お墓のことで相談したい」「お寺へのお布施」など、身のまわりのさまざまなことについて相談を受けています。

> **ひと口メモ：ADR（裁判外紛争解決手続）について**
> 　ADRとは、裁判によらずに公正な第三者が関与して双方の話し合いにより紛争を解決することです。簡易裁判所の民事調停や家事調停、弁護士会の仲裁センターや司法書士会の調停センター、金融ADR、交通事故紛争処理センター、公益財団法人自動車製造物責任相談センター、生命保険協会の裁定審査会、損害保険協会の損保ADRセンター、国民生活センターADRなど司法、行政、民間機関のADRが多数あります。それぞれの機関がHPを設け、相談を受付けています。
> （「裁判外紛争解決手続きの利用促進に関する法律」2004年制定）

4. 高齢者を見守る仕組み

　消費生活センター等に寄せられる高齢者の相談には、認知症などの判断力の低下した高齢者はトラブルにあいやすい傾向が見られます。しかし、高齢者本人にはトラブルにあった認識が低く、家族や介護関係者などの周囲の人からの相談が多くなっています。

　こうした状況のなかで、2016年、消費者安全法が改正され、消費者安全確保地域協議会を設置できるようになり「見守りネットワーク」の構築が全国で進んでいます。また、消費生活センター等は、高齢者向け「出前講座」など被害の未然防止のための啓発や、相談受付などを行っています。

　一方、企業も、コンビニやスーパー、郵便局などが配達時に安否確認をするなど動き出しています。高齢者の家族や近所の人々が定期的に訪問して、高齢者を孤立させないことも大切です。

〈地域の連携により解決した事例〉

　地域包括支援センターの職員が一人暮らしの80代の高齢者宅を訪問し、80万円のリフォーム工事の契約をして払えなくて困っているという相談を受け、高齢者本人の同意を得て消費生活センターに相談をしました。

　消費生活センターの消費生活相談員から、高齢者に連絡。「3日前の夜に家の排水管の無料点検をしていると事業者が訪ねてきたので家にあげてしまった。点検後、「ここに名前を書いたら帰る」と言って細かい字で書かれた書類を見せられた。後日、書類が届き、洗面所や壁などの改修工事80万円の契約をしたことがわかった。」という相談でした。地域包括支援センターの職員の協力を得てクー

第1章　若者、高齢者の消費者トラブル

図1　消費者安全確保地域協議会「見守りネットワーク」の仕組み

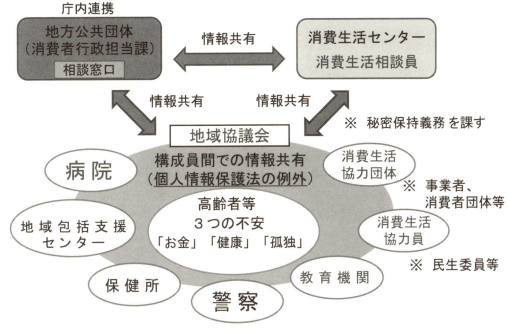

(出典：『平成29年版 消費者白書』)

リング・オフの手続きを行いましたが、高齢者が怖がっていたため消費生活相談員から、事業者にクーリング・オフによる契約解除通知をしたことを申し入れました。

工事日当日に地域包括支援センターの職員が高齢者宅を訪問しましたが、事業者は来ませんでした。(東京都福祉保健局『高齢者等の見守りガイドブック（第3版）』P93の事例7を要約)

第2章 消費者トラブルを解決するための法律

　契約とは法律で保護される約束のことです。

　契約すると契約した者の間で権利と義務が発生します。

　いったん契約すると、気に入らないからと言って事業者の了解なしに勝手に商品を返すことはできません。事業者は、商品に傷などがあれば、交換したり、返金したりする責任が生じます。こうした契約の基本ルールを定めているのが、民法です。そのなかでも消費者と事業者の間で交わす契約を、消費者契約と言います。

　消費者と事業者の間には、経済力、情報力、交渉力等の格差があり、この格差に乗じて高度経済成長の頃に、さまざまな悪質商法が生まれ消費者トラブルが多発しました。こうした背景から、1976年、訪問販売などの特殊な販売方法を行う事業者を対象に、事業者が守るべきルールやクーリング・オフ等の消費者を守るルール等を定めた訪問販売法（現在は特定商取引に関する法律）が制定されました。

　その後も、新手の悪質商法が次々と現れ、訪問販売法に新たな規定が追加されていきました。しかし、その後も訪問販売法だけでは対応できない消費者トラブルが増えていき、消費者契約の新たなルールが必要との声が高まりました。そこで2000年に、事業者と消費者が交わす契約に適用される消費者契約法が制定されました。

1. 契約の基本原則を定めている民法

民法は自由・平等の基礎の上につくられた法律です。契約当事者は対等であること、当事者間で自由に契約を結ぶことができるといった契約の基本原則を定めています。

〈契約とは〉

契約は「申込」と「承諾」の意思の合致があれば成立します。原則として口頭でも契約は成立します。私たちのまわりにはさまざまな契約があります。（図１）

いったん契約すると「権利」と「義務」が発生します。（図２）

〈いろいろな契約〉

次のようなことが契約している場面です。

図１

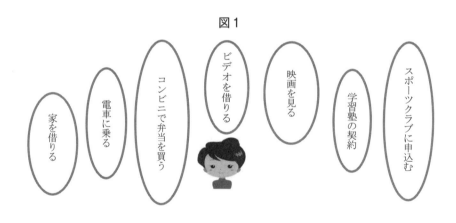

図２　ハンバーガーショップで

（未成年者の契約）

> 未成年者の息子が中古のバイクを10万円で購入した。親は購入を承諾していないが、解約することができるか。

　民法では、20歳未満の未成年者の契約を保護しています。親権者や保護者の同意のない契約は取消すことができます（民法第5条）。親又は未成年者本人から、事業者あてに「親の同意のない未成年者の契約なので取消します」という通知を行い相手方に到達したら契約取消しの効果が発生します。後のトラブルを避けるために内容証明郵便や、特定記録郵便で出します。

　しかし、未成年者契約でも以下のような場合には取消すことができないことがあります。

　□ 親が許した範囲内での支出の場合
　□ 親が許した営業を行った場合
　□ 未成年者なのに積極的に20歳以上だと嘘を言ったような場合
　□ 親が追認（後から承諾）した場合
　□ 結婚している場合は大人として扱われる　　など

〈18歳成年になったら〉

　2016年、選挙権年齢が18歳に下げられたことから、成年年齢の引下げについても、2018年の通常国会に民法改正法案が提出される予定です。

　国民生活センターのデータによると、現在は20歳を超えるとサイドビジネス、マルチ商法、エステなどの消費者被害が増加しています。

　18歳になれば、親元を離れて一人でする契約が増えます。賃貸アパート契約、新聞購読、ネット取引や借金などすべての契約が成年として扱われます。18歳成年になると、消費者被害が18歳を超えた途端に集中して増えないかと、消費生活相談員、教育関係者や法律家が心配しています。なかでも高校生の9割がスマホを保有している実態（総務省「平成28年青少年インターネット・リテラシー等」の調査結果）から、インターネットによるトラブルの増加が心配されています。

図3 20歳になったら消費者被害が増大

契約当事者18歳～22歳の年度別相談件数（平均値）※

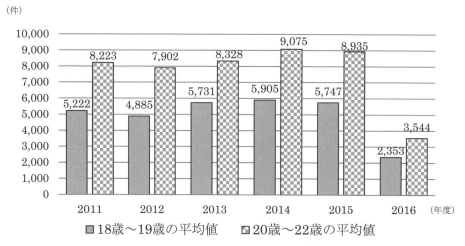

（出典：国民生活センター・2016年）

　内閣府消費者委員会は成年年齢引下げに対応するよう消費者庁に意見を出しています。消費者教育の充実と消費者契約法の改正（つけ込み型勧誘への対応、情報提供への配慮など）を盛込んでいます。成年年齢引下げに対応した法整備が求められます。

> **ひと口メモ：判断力不十分者の契約（成年後見制度）**
> 　認知症や精神障害などで判断力が不十分な人を保護するために成年後見制度（法定後見制度と任意後見制度）があります。法定後見制度は、本人の判断能力に応じて「後見」「保佐」「補助」があり、利用するためには家庭裁判所に審判の申立てをします。
> 　成年後見人、保佐人、補助人は、本人の利益を考えながら一定の要件のもとで本人の不利益な法律行為を取消すことができるなど、本人を保護、支援します。

〈民法における契約の無効、取消し、解除〉

　契約を取消したり、なかったことにするには、民法では以下の規定があります。

◇契約が無効になる場合

　無効は契約が最初からないことです。

・公の秩序や善良な風俗をみだすような契約（公序良俗　民法第90条）
・重要な事項について誤解して結んだ契約（錯誤　民法第95条）

◇契約が取消しになる場合

　契約の意思表示に問題がある場合、契約時点にさかのぼって契約がなかったことにすることです。

- 詐欺や脅迫による契約（民法第96条）
- 取消しのできる期間は、取消しできることを知ったときから5年、契約してから20年（民法第126条）

◇契約が解除できる場合

　解除は、契約がなかったことにすることです。

- 相手が契約を守らなかった場合の契約解除（債務不履行　民法第541条～543条）

2. 新たな民事ルール・消費者契約法

　消費者契約法は、消費者と事業者の間で結ばれた消費者契約（労働契約は除外）に適用されます。事業者の一定の行為によって誤解したり、困惑して結んだ契約は取消すことができます。また、事業者の損害賠償の責任を免除する条項、消費者の利益を不当に害する条項などの不当条項は、全部又は一部を無効にできると定めています。

　事業者が認めなかった場合、不当条項に該当するかどうかは最終的には裁判所の判断になります。

〈不当な勧誘による契約の取消し〉

　取消しができる場合は、下記の6類型が該当します。取消できる期間は、取消できることを知ったときから1年以内、契約してから5年以内です。（消費者契約法第4条、第7条）

（不実の告知）

> このままだとお肌が大変なことになる、と言われ心配になり化粧品一式をクレジットで購入した。病院に相談したら事実と違うのでやめたい。

⇒事実と違うことを言っているので、不実の告知にあたり契約の取消しができます。

（断定的判断の提供）

> この金融商品は必ず値が上がると言われ買う契約をした。老後の生活資金なのでやめたい。

⇒金融商品は将来必ず上がるかどうかは不確実。必ず上がる、と断定的に言っているので、断定的判断の提供に当たり取消すことができます。

（不利益事実の不告知）

> 見晴らしがよくて、日当たりもいいのでマンションを購入したが、隣に高層マンションの建設計画があることを事業者が説明しなかった。

⇒自分にとって重要な不利益になることを事業者が故意に説明しなかったので、不利益事実の不告知により取消すことができます。

（過量契約）

> 一人暮らしであまり外出することもない高齢者で、普段は着物を着ていないのに、事業者はそれを知っていながら20枚の着物を次々販売した。

⇒購入する商品が、その消費者にとって通常の分量を著しく超える場合で、事業者がそのことを知っていたときは、その契約を取消すことができます。

(不退去)

家に来た販売業者に出かけるので帰ってほしいと何度も伝えたが、帰ってくれないので仕方なく健康食品の購入契約をした。

⇒消費者が、退去してほしいと意思表示をしたのに、帰ってくれない場合は、不退去に当たり契約を取消すことができます。

(退去妨害)

SNSで知り合った人から店舗に呼び出され、宝石の話を長時間聞いた。もう帰りたいと何度も言ったが帰してくれず、しかたなくネックレスを契約した。

⇒消費者が帰りたいと意思表示をしたのに帰してくれないのは、退去妨害に当たり、契約を取消すことができます。

〈契約条項の無効〉

消費者の利益を不当に害する下記のような条項は無効となります。

（事業者の損害賠償を免除する条項）消費者契約法第8条

> a 当ジム内の事故は、一切責任を負いません。
> b ソフトウエアによるコンピュータの故障や誤作動について、当社は責任を負いません。

⇒故意または過失による損害賠償責任を全て免除する条項や消費者の解除権を放棄させる条項は無効です。

（消費者に不当な損害賠償額を予定する条項）消費者契約法第9条

> a 家賃は当月の20日までとする、遅れた場合は、年30％の遅延損害金を払うとする条項
> b キャンセルの場合は全額いただきますとする条項

⇒消費者が支払う遅延損害金は、年率14.6％を超える条項は無効です。
　キャンセル料は事業者の平均的損害額を超えるものは無効です。

（消費者の利益を一方的に害する条項）消費者契約法第10条

> 家事代行サービスの契約をしたら、注文していない健康食品が同封されていて、「連絡がないと継続契約になります」と書いてあった。

⇒消費者の権利を制限して、義務を加重する条項で、消費者の利益を一方的に害する条項は無効です。

　上記のような取消しの類型に該当する場合や不当条項に該当すると思われる場合は、消費生活センター等や適格消費者団体に問い合わせましょう。

〈適格消費者団体の活動により契約条項が改善された事例〉

　2004年、消費者契約法に内閣総理大臣が認定した適格消費者団体が、個々の消費者に替わって差し止め請求をする消費者団体訴訟制度が導入されました。（第12章参照）

　これまで適格消費者団体による事業者への差止め請求が多かった分野としては、結婚式場運営業、自動車販売・買取業、貸衣装業、不動産賃借業があげられます。内容は解除・中途解約時の違約金、解約等制限、賃借人の原状回復義務などです。

　最近の事例では、スポーツジムの会員規約（入会金の解約時の返金規定）、建

築請負工事の約款（中途解約時の違約金規定）、ネット通販の不当な表示（小さく定期購入と表示）などが改善されています。主な事例は消費者庁のHPで公表されています。

話合いで改善が得られない場合、訴訟に持込むことになります。訴訟の結果、改善が図られたものには、以下のような事案があります。

① 中古自動車売買契約の解約料の条項について
・・自動車の販売、買取業者に対して、消費者支援ネット北海道（適格消費者団体）が、自動車売買契約書の解約料（キャンセル料）条項の使用の差止めを求めました（消費者契約法第9条、第10条）。事業者が、請求を全面的に受入れました。（札幌地裁平成23年2月）

② 予備校の学納金の不返還条項について
・・大学受験予備校が規定する一定期間経過後の校納金の全額について返さないという不返還条項を設けていたため、解除後の期間に対応する授業料に関する部分の使用の差止めを大分県消費者問題ネットワーク（適格消費者団体）が求めたところ（消費者契約法第9条）、判決でその請求が認められました。（大分地裁平成26年4月）

大学などへの学納金の返還を求める訴訟は多く提起されていました。消費者契約法制定の機運が高まるなかで、消費者側の請求が認められる判決が出されるようになっていました。
（出典；『消費者六法』（株）民事法研究会　2017年）

> **ひと口メモ：消費者契約法改正の主なポイント**
> 　2016年「過量な内容の契約」が取消しに追加されました。不実告知による取消に関する重要事項の範囲が拡大され、目的物に関しない事項（いわゆる動機の部分）についても対象とされ、たとえば、シロアリが床下にいて家が倒壊という勧誘も不実告知となります。取消権の行使期間は6か月から1年に伸長しました。事業者の債務不履行の場合、消費者の解除権を放棄させる条項も無効となりました。

3. 特定商取引法

　特定商取引に関する法律（特定商取引法）は、事業者による違法・悪質な勧誘行為等を防止し消費者の利益を守ることを目的とする法律です。問題の多い取引類型を対象に、事業者が守るべきルールと、クーリング・オフ等の消費者を守るルール等を定めています(注)。特定商取引法の違反行為は、業務改善の指示や業務停止命令の行政処分、または罰則の対象となります。

（注）取引類型として訪問販売、通信販売、電話勧誘販売、連鎖販売取引、特定継続的役務提供、業務提供誘引販売、訪問購入を対象としています。

〈事業者を規制する規定〉
□勧誘するときは、事業者名等の明示や販売の勧誘目的を告げることの義務づけ
□不当な勧誘、虚偽の説明（不実告知）、不告知や威迫、困惑行為の禁止
□虚偽・誇大な広告の禁止
□契約締結時等の書面の交付を義務づけ
□クーリング・オフを書面に明記する

　なお、特定商取引法では、事業者が虚偽の説明（不実告知）や故意に重要事項を告げなかった（不告知）場合で、消費者が誤認して申込んだ契約は取消すことができるとしています。（意思表示の取消）

ひと口メモ：特定商取引法改正の主なポイント

　2016年の改正では、業務停止の処分を受けた法人の役員等が同等の業務を行う新たな法人を作ることを禁止しました。未公開株などを規制対象に追加し、電話勧誘販売による過量販売（訪問販売協会HP参照）も契約の解除が可能になりました。消費者の了解のないFAX広告は禁止しました。取消期間を1年に延長しました。
　2017年12月から脱毛、シミ、たるみの除去、歯科漂白など一定の美容医療も特定継続的役務提供の新たな類型としてクーリング・オフや中途解約などの対象に追加しました。

〈クーリング・オフ制度〉
　特定商取引法には、買うつもりがなかったのに勧誘され契約した（不意打ち）

などの場合で、契約を解除したいときは、契約書面を受け取ってから一定の期間内であれば、無条件で契約を解除できるクーリング・オフ制度があります。

クーリング・オフをすると、消費者は代金を払う必要がありません。支払ってしまった代金は返してもらえます。受取った商品は返す必要がありますが、送料は事業者負担となります。

「クーリング・オフはできません」など、クーリング・オフを妨害する行為があった場合は、事業者は再度クーリング・オフを記載した書面を交付し、クーリング・オフができることを口頭で伝える必要があります。そこからクーリング・オフ期間が新たに発生します。

また、クーリング・オフ制度には、以下のような適用除外があります。

・通信販売には、クーリング・オフ規定はありません。ただし、広告に返品の可否に関する規定が記載されていない場合は、商品を受取った日から8日以内であれば返品し解約できます。返品の送料は消費者負担です。
・3,000円以下の現金取引は、クーリング・オフができません。
・政令で指定された消耗品は未使用であること、政令で指定されていない消耗品はクーリング・オフができます。（政令は、消費者庁HP参照）

表1　クーリング・オフ一覧表

(2017年8月現在)

取引類型	対象	クーリング・オフ期間
訪問販売	訪問販売（キャッチセールス、アポイントメントセールス等も含む）	8日間
電話勧誘販売	電話勧誘され電話による契約をした取引	8日間
特定継続的役務提供	購入商品を含め5万円以上の契約で、一定期間サービスを受けるもの。 エステティック、語学教室、学習塾、家庭教師、パソコン教室、結婚相手紹介サービス、一部の美容医療	8日間
業務提供誘引販売取引	事業者の仕事をすれば収入がある等と言って必要な商品等の契約（ポスティング、パソコン在宅ワーク等）	20日間
連鎖販売取引	マルチ商法（第1章参照）	20日間
訪問購入	突然訪問して着物、宝石など安く買い取る	8日間

＊業務提供誘引販売とは、事業者があっせんする仕事をすれば収入が得られると勧誘し、そのために必要と言って商品を買わせる取引です。

クーリング・オフの出し方

```
        解除通知
    次の契約を解除します。
契約年月日○○年○月○日
商品名△△△△△△
契約金額○○○○円
    販売会社××××株式会社
      ××営業所　担当□□
    クレジット会社◇◇株式会社
平成○○年○月○日
住所
氏名
```

・クーリング・オフ期間内に、通知の日付は発信日を書いて出します。はがきを送付するときは郵便局から特定記録郵便で出しましょう。
・クレジット払いなら販売会社とクレジット会社両方に出します。
・クーリング・オフは発信すると効力が発生します。

> **ひと口メモ：特定継続的役務提供の中途解約の場合の精算方法**
> 　特定継続的役務は長期の契約です。「購入商品を含め5万円以上の契約」でいったん契約したものの、途中でやめたい場合には、解約手数料を支払えばいつでもやめることができます。
> 　中途解約が、役務提供開始前の場合には、解約手数料の上限金額は下記のとおり規定があります。
> 結婚相手紹介サービス　30,000 円
> エステティック・一部の美容医療・家庭教師　20,000 円
> 語学教室・パソコン教室　15,000 円　　　学習塾　11,000 円
> 　役務提供後の中途解約の場合の解約手数料は、各事業ごとに計算方法が決められています。契約書などで確認しましょう。

4. 民法改正

　現行民法は1896年（明治29年）に公布され、120年間も大きな改正もなく運用されてきました。社会の実態と合わない面も出てきたため、債権に関する部分の改正のための検討が進められ、2017年5月、「民法の一部を改正する法律」が通常国会で成立し、2020年に施行されます。

　消費者に関連する主な改正点は以下のとおりです。

〈民法改正の主な内容〉

◇**時効**　金銭などを相手方に請求できる期間が原則5年に統一されます。これまでは請求期間が飲食代1年、借金5年、賃金・残業代2年、診療報酬3年などまちまちでした。（改正民法第166条）

◇**約款** 不特定多数の人と契約するときに、あらかじめ事業者が決めている契約条項を約款といいます。代表例は鉄道、電気、ガス、水道などです。改正で新たに「定型約款」の制度が導入され、契約と認められるための要件、内容の表示（開示）のルールや相手方の合意がなくても約款内容を変更できる要件などが定められました。通常ではありえないような条項は、契約したとされる約款から外されます。（改正民法第548条の2〜4）

◇**法定利率** 契約であらかじめ決められていない場合の金利は、現在の年5％から3％に変更し、3年ごとに見直すことになりました。たとえば、遅延利息などが見直されます。（改正民法第404条）

◇**瑕疵担保責任** 商品に隠れた瑕疵（かし　傷など）があった場合の責任の取り方は、現在は契約の解除か損害賠償を請求する方法だけです。そこで「契約不適合」として整理し、補修や代替品、代金減額などの解決方法も認められるとしました。（改正民法第562条〜564条　559条）

◇**原状回復義務** 賃貸住宅で退去したときの賃借人の原状回復義務から、自然劣化や経年変化で劣化したものの修繕は除外されます。（改正民法第621条）また、敷金に関する原則的なルールが設けられました。（改正民法第621条、第622条の2）

◇**意思能力** 認知症など自分で判断することができない人（意思能力のない人）の契約は無効とすることが盛込まれました。（改正民法第3条の2）

コラム　クーリング・オフ制度の創設

　1970年（昭和45年）に起きた英語の百科事典を買わせるブリタニカ商法では、突然社員が家に訪問してきて、「いずれ学校で使うようになる」「分割払いなら心配なく買える」などと、強引で契約するまで帰らないなどの悪質な手口で、なかば脅すようにして契約をさせていました。

　こうした苦情が増える中で、日本消費者連盟が中心となり約2,000名の被害者が、詐欺行為だとして東京地検に告発しました。この事件をきっかけに、消費者団体や民法学者が、不意打ち的で、契約意思が不確定なまま契約をさせているのは問題だとして、消費者に熟慮期間が必要であると強く主張しました。事業者などが反対をしましたが、消費者が、冷静に考えて契約をやめたい場合には、無条件で契約が解除できるクーリング・オフ制度が、1972年（昭和47年）割賦販売法に特別規定として初めて「4日間」導入されました。1976年（昭和51年）訪問販売法が制定され、「4日間」のクーリング・オフも規定されました。

　その後、何度も法改正がされ、さまざまな取引にクーリング・オフ規定がおかれ、現在のような形になりました。

コラム　豊田商事事件

　「豊田商事事件」は、1982年（昭和57年）頃から始まっていて、被害者3万人、被害総額2,020億円以上という史上最悪の大事件でした。社員が突然訪問して、金（きん）を持っていれば値下がりすることはない」「会社が金を運用して10％の高額な配当をするので儲かる」などと、何時間も執拗な勧誘を行い高額な「金」を買わせました。「金」は見せましたが、「金」を渡さず預かり証だけ渡すペーパー商法でした。（現物まがい商法）当初は新たな客から集めた代金を配当金として渡していましたが2～3年で行きづまり、1985年（昭和60年）7月に破産しました。

　国会でも問題になり、1986年（昭和61年）再発防止のために特定商品預託取引法が制定され、金やプラチナの貴金属の規制が盛り込まれました。訪問販売法も改正され強引な勧誘や居座りはできなくなりました。

　豊田商事の破産管財人の中坊公平弁護士が、豊田商事が納めた税金を返還させ救済金に充てましたが、微々たるものでした。会社資産は海外に移転されていたり、消失したりなどで、被害額の回収はわずか100億円でほとんどの被害者は救済されませんでした。当時は規制する法律もなく、当初は「金儲けの話」として、消費者被害として取り上げられませんでした。実態は高齢者を狙った詐欺であることがわかり、消費生活センターの積極的な対応により被害が明るみに出ました。

〔参考文献〕
- 『Q＆A詐欺・悪徳商法相談対応ハンドブック』（村千鶴子　（株）ぎょうせい　2017年）
- 『Q＆A消費者からみた民法改正』（日本弁護士連合会消費者問題対策委員会編　（株）民事法研究会　2015年）
- 『消費者事件　歴史の証言』（及川昭伍・田口義明　（株）民事法研究会　2015年）

第3章 インターネット社会と消費者

　インターネット（以下、ネット）は、日本の総人口の8割以上、1億人以上が利用しています。

　2007年に、アップル社製iPhoneが発売されると、スマートフォンが主流の時代へと移行し、ネットは市民生活の中に浸透していきました。

　ネット社会の到来によって、世界中をネットで瞬時につなぐことが可能になり、非対面でハイスピード、効率的なやり取りが行われる社会へと仕組みが大きく変化していきました。「IT（情報通信）革命」と言われています。

　こうしたなか、顔を合わせたコミュニケーションが希薄化し、ネット依存という現象も起きています。また、ネットを使いこなす人と使えない人との間の情報格差や、ネットを利用する人でも、ネットの仕組みや特性を理解して使う人と理解できないまま使う人との格差も生まれています。

　社会が劇的に変化する中で、これまでの法規制では対応できないネット特有の消費者問題が起きるようになりました。ネットの匿名性を悪用した詐欺的な商法、個人情報が知らない間に流通するなど、深刻なトラブルも起きてきました。

　ネットトラブルを解決するためのさまざまな施策が行われています。

1. ネット社会で起きている消費生活の変化

〈ネット社会で起きていること〉

▽情報検索や広告表示の変化

　ネット上には、世界中の膨大な情報があります。調べたいことや知りたい情報を瞬時に得ることができます。しかし、なかには違法な情報や有害な情報も混じっており、信ぴょう性の判断は難しくなっています。

　ネット上の広告も氾濫してきました。口コミサイトなど、個人が発信した情報が広告の役割を果たすこともあり、広告の手法も大きく変わりました。

▽ネット上の通信販売取引が増加

　ネット上には、職種を問わず大小さまざまな事業者が参加して、いまやあらゆ

る商品やサービスが提供されています。海外通販も容易に利用することができるようになりました。

オークション取引やフリマアプリ（フリーマーケットのような個人間売買のアプリ）等の個人間取引も、ネットを介して人気が高まっています。

▽ネットで決済（支払い）

ネット上の取引が飛躍的に伸びている中、代金の支払いもネットで行われるようになりました。クレジットカード決済に加えさまざまな種類の電子マネーが登場しネット上で決済に使われています。携帯端末での決済も一般的になりキャッシュレス化が一層進んでいます。ネット内での通貨として仮想通貨も登場しています。

▽個人情報が狙われている

ネット上で、買い物や支払い、SNS（ソーシャル・ネットワーキング・サービス）、ゲームの利用などを行うときは個人情報を入力するため、ネット内は個人情報の宝庫となっています。個人情報を盗む目的のサイトやアプリも登場し、さまざまな手法で個人情報が狙われています。

▽ネットで交流

友人関係や仕事など日常的にネットで交流しています。さらにSNSやブログなどで顔を合わせたことがない人との間でもネット上での交流が広がっています。

〈ネットを利用するために必要な契約〉

ネットを利用するためには、通信回線契約、プロバイダー契約、携帯電話やパソコン等の端末の契約が必要です。それぞれ別の事業者と契約したり、一つの事業者とまとめて契約したりします。

・通信回線契約は、データや会話を送受信するための通信回線を使用する契約です。
・プロバイダー契約は、ネットで情報を検索したり、メールのやり取りを行うなど、ネットを利用するためのネット接続の契約で、プロバイダー契約をしない

とネットを利用することができません。
・パソコン等の端末は、プロバイダー契約、通信回線契約は別途行うことが一般的ですが、携帯端末は、ネットに繋がるためのプロバイダー契約が組込まれ、通信回線契約も携帯端末を契約するときに店舗で同時に行われています。

2. ネット上のさまざまなトラブル

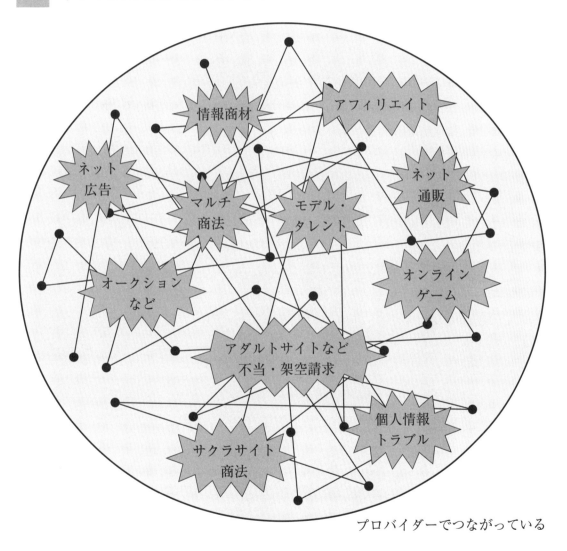

プロバイダーでつながっている

　プロバイダーを通じて、世界中の個人、企業、行政機関、NPOなどが網の目のようにつながっています。なかには、悪意を持った事業者も含まれています。ネットを利用しているとさまざまなトラブルに巻込まれることがあります。

〈ネットを利用するための回線接続契約〉
（通信回線契約、プロバイダー契約、携帯やパソコン等の端末契約）

> 大手電話会社を名乗り「新サービスです」と電話があった。光回線サービスの利用料が安くなると思い契約した。登録完了通知が届き大手電話会社とは別の会社との契約とわかり解約したい。（国民生活センター見守り新鮮情報の要約）

・2015年2月より、NTT東西は光回線サービスの卸売を開始しました。多くの事業者が、卸売を受けた光回線サービスの他に、プロバイダー契約や携帯端末等を組合わせた独自の料金体系やサービスを設定して、販売を行っています。

・事例のケースの他にも、「通信速度が速くなる」「料金が今より安くなる」などと言われて契約したが、必要のないサービスも追加されていてかえって高額になったという例や解約したら解約料を請求されたなど、トラブルが増えています。

・光回線契約、プロバイダー契約や光電話などの契約がセットになっており不要な契約をしていることも多くあります。勧誘を受けたときは、わからないことは説明をしっかり求め、契約の内容、費用の内訳、解約時の費用などを理解したうえで契約することが大切です。

・事例のような回線接続契約は「電気通信事業法」が適用されます。消費者トラブルの増加を受けて2015年5月に改正（施行は2017年5月）、消費者保護ルールが強化されました。解約をしたいと思ったら、契約書面を受取って8日以内に契約解除通知を出しましょう。

・電気通信事業法で定められた事業者が守る主な内容は、以下のとおりです。
　・契約時の書面交付義務　　　　・8日間の契約解除規定
　・勧誘時の不実告知の禁止　　　・再勧誘行為の禁止
　・代理店に対して指導を行う義務　・勧誘時の説明義務（適合性の原則）

> **ひと口メモ：格安スマホとは**
>
> 　格安スマホは、電波を割当てられている大手携帯電話事業者（MNO；移動体通信事業者）から、通信ネットワークを借りて、独自のサービスを行う事業者が提供する商品です。MVNO（仮想移動体通信事業者）と呼ばれています。
>
> 　料金を抑えるなどさまざまなサービスを提供する一方で、通信容量や通信速度などが制限されていたり、店舗を構えていない事業者もあります。契約をするときは、トラブルが起きたときの対応方法などを調べて慎重に行うことが大切です。

〈消費者を狙う広告〉

> a 「ぶよぶよお腹がたったの一粒で」「飲むだけでどんどん落ちる」「糖分を制限している方に安心サポート」（景品表示法の違反事例から消費者庁が作成）
> b 「送料無料」と記載されていたが、実際は限定地域のみだった。

- ネット広告には、「無料」や「お試し」から有料に誘導したり、小さな文字でデメリット表示が書かれていたり、目立たないところに「詳しくはこちら」などとハイパーリンクを表示して、そのリンクをクリックしないとデメリット情報を得ることができないなど、消費者に誤解を与える広告があります。詐欺的な事業者の広告も混在しています。また口コミサイトのような個人の投稿が広告の役割を果たすものも多くなっています。
- ネット上では、これまでの広告とは違う手法で広告が行われるようになったため、2002年6月、公正取引委員会はネット広告について、景品表示法の考え方等を「消費者向け電子商取引における表示についての景品表示法上の問題点と留意点」として公表しました。その後、2011年10月、消費者庁はインターネット消費者取引に係る広告表示についてのガイドラインを公表しています。（第11章参照）

　　例：実際には厳しい返品条件が付いているためほとんど返品することができないにもかかわらず、当該返品条件を明示せずに、「効果がなければ、いつでも返品できます。」と無条件で返品できるかのように表示することなどです。

　消費者庁は、情報提供を受け問題のある広告について調査し、景品表示法上の処分を行うこともあります。

- 広告の内容は、容易に変えられたり、広告そのものが画面から消えている場合

もあります。広告表示の印刷やスクリーンショットを撮りその画像を保存しておくことが大切です。
・広告や個人の投稿などを鵜呑みにせず、ネット以外からも情報を集めることも大切です。

〈いろいろなネット広告〉

リスティング広告	利用者が検索したキーワードによって広告を表示
行動ターゲティング広告	利用者の検索履歴などから興味や関心事を推定し、個々の利用者に向けて広告を表示
ステルスマーケティング	利用者が口コミで評価するサイト。宣伝と気づかれないように宣伝行為をすること
ランキングサイト	アクセス数が多い順など、上から表示するサイト
アフィリエイト広告	広告をクリックした数や広告を見て商品が売れたら報酬が支払われるタイプの広告

＊自身の閲覧履歴を利用されたくない場合は、Cookie（履歴）を保存しない、削除する設定ができます。

〈情報商材、アフィリエイト、マルチ商法、モデル・タレント〉
（情報商材）

> a　ネットで「必ずもうかる内容を教えます」などの広告をみて、クレジットカード払いで情報商材を購入した。その内容は必ずもうかるものではなかった。解約したいが事業者と連絡がつかない。

＊情報商材とは、「パチスロでもうかる方法」など、情報をまとめた商材。

　もうかる経験談などの情報が入ったPDFファイルやDVDなどの情報商材を購入する契約です。情報商材自体は数万円ですが、その後、事業資金などの名目で高額契約が必要になることも多く、仕事をしても報酬をもらえない、実現不可能な仕事の紹介をされたなどのトラブルがあります。

（アフィリエイト）

> b　在宅ワークのサイトを見て資料請求したら、広告を掲載して商品が売れたら報酬がある、指示どおりにしたら徐々に収入が増えると言われHP開設費用として、40万円払ったが収入がない。

事業者とアフィリエイトサイトのシステム契約を結び、自分のサイトに事業者のバナー広告を掲載して、たとえば、サイトを見た人がその広告を経由して事業者から商品を購入したら、報酬が得られるという仕組みです。高額な契約金に見合った報酬を得られない場合が多くあります。

(マルチ商法)

> c　SNSで知り合った人から、人を紹介したら収入になると言われ会員の契約をした。解約メールをしたが、英語で解約できないと返信があり、実業家とも連絡が取れない。

SNSで知り合った人や友人の誘いを受けて、マルチ商法の契約をすると海外の事業者だったというケースが増えています。クーリング・オフ期間中でも日本の法律は適用しないと拒否されたり、日本語で対応されないため、解約交渉が困難な場合が多くあります。

(モデル・タレント)

> d　スマートフォンで見つけたオーディションに申し込み合格したが、レッスン契約とエステティック契約が必要だった。

モデル・タレントに憧れる若者が多くいます。その心理を狙った事業者も多くトラブルがあとを絶ちません。高額な被害にあうだけではなく、アダルトDVDに出演を強要されるケースもあります。

〈トラブル(a、b、c、d)の解決方法〉

事例のaとbは特定商取引法の業務提供誘引販売取引、cは連鎖販売取引の定義にあたる場合は、クーリング・オフが適用されます。クーリング・オフ期間を過ぎても、事実と異なる説明があった場合は、特定商取引法や消費者契約法で取消の主張ができます。

dの「モデルの仕事をするためにはレッスンを受ける必要がある。」と言ってレッスン契約をすることが仕事をあっせんする条件になっている場合は、業務提供誘引販売取引に該当し、クーリング・オフが適用されます。

a、b、c、dいずれも事実と違う説明を受けて契約をした場合は消費者契約法による取消しを主張することができます。

　簡単にもうかる話はありません。勧誘時の説明だけを信じて事業者と契約することは危険です。手渡されたり、郵送されてきた契約書面には、契約の内容が記載されています。契約内容をよく読んで、勧誘時に説明されたことが書面に記載されているかなどを確認する慎重さが求められます。契約書面を渡してくれない場合は、きちんと要求することが大切です。

〈ネット通販〉
(ネット通販、海外通販)

> a 「お試し」で健康食品を申込んだら「定期購入」になっていた。
> b 海外通販でブランド品を注文したが、商品が届かず連絡も取れない。
> c 旅行サイトで海外のホテルを予約したが、現地に行ってみると予約がとれていなかった。

(オークション取引、フリマアプリ取引、SNSで個人間の取引)

> a オークションでブランドバッグを購入したが、偽物だった。
> b フリマアプリで、新品のブランドバッグを購入したが中古だった。
> c SNSで知り合った人から、コンサートチケットを購入する約束をして代金を払ったのち、相手と連絡が取れなくなった。

・模造品を販売する詐欺的な事業者も混在しています。極端な値下げ等通常では考えられない有利な広告には、注意が必要です。
・特定商取引法の通信販売の規定には広告記載を行う場合は、住所などを記載しなければいけないことが定められています。住所や連絡先、支払い方法、URL、返品方法などの確認や、返品に関する記載を確認しましょう。表示がない場合は注意が必要です。
・また、広告に住所が記載されていても、「空き地だった」という例もあり、記載された住所が実在する住所か確認することも大切です。
・受付メール、申込み画面、やりとりの経緯などを保存することも大切です。
・リスク回避のために、第三者が介在したエスクローサービス（商品の受取りを確認して代金を回収するサービス）や、運営事業者が保証制度を設けていること

ともあるので確認しましょう。
- 広告規制の法律を守って、販売方法や表示の仕方など一定の基準をクリアした事業者のホームページには、オンライントラストマークがついています。（公益社団法人日本通信販売協会のHP参照）
- 個人情報を適正に取り扱っていると評価された事業者には、プライバシーマークがついています。（一般財団法人日本情報経済社会推進協会のHP参照）

オンライントラストマーク
https://www.jadma.org/ost/

プライバシーマーク
https://privacymark.jp

- トラブルにあったら事業者の自社サイトやサイト運営業者や決済事業者（クレジットカード、電子マネー、決済代行業者等）に連絡して協力を求めましょう。
- オークション取引やフリマアプリ、SNSでの個人間取引でトラブルがあったときは、自己責任が原則になります。解決困難な場合も多く、取引は慎重に行うことが大切です。

ひと口メモ：スマートフォンで人気のフリマアプリ

　フリマアプリは、フリーマーケットのようなサイトです。出品者は、カメラで撮影した商品を掲載し、購入者はその中から欲しいものを選び、購入申請を行い、出品者が承認し売買が成立したら代金を支払う仕組みです。

　ふだん使っていない商品を再利用できるメリットがある一方で、「商品にキズがあった」「当事者間で商品代金を前払いの約束をし、商品が届かない」など、トラブルも多くなっています。

　運営会社は商品売買の場所を提供するサービスを行うだけのことが多く、基本的にはトラブル解決は当事者間で行う規定になっています。利用者のプロフィールや実績の確認や、利用規約をよく理解して利用しましょう。

〈オンラインゲーム〉

> 小学生の娘が親のスマートフォンでゲームをして、クレジットカードで有料アイテムを購入、クレジット会社から8万円の請求を受けた。

・基本的には、フリーミアム（Freemium＝Free＋Premium の造語）という基本的なサービスは無料で、さらに特別な機能を求める場合、料金を課金する仕組みが多く使われています。
・クレジットカード番号を登録していると、「購入」ボタンをクリックするだけでアイテムを手に入れられるため、お金がかかることに気づかないこともあります。
・友達とグループで進めるゲームでは、競争心から、ゲーム内のキャラクターを強くするためアイテムを次々に購入したり、仲間はずれにされる不安から途中でやめられなくなることもあります。
・未成年者が、親のクレジットカードを勝手に使った場合は、親の管理責任が問われ「未成年者取消し」（第2章参照）の主張が困難な場合もあります。
・未成年者の場合は一か月あたりの上限金額を設けているゲーム事業者も多くあります。スマホプラットホーム（アプリやゲームの販売事業者）にアイテムの購入制限をする設定（ペアレンタルコントロール、レイティング）もありますので、トラブルを避ける方法を親子で話し合うことが大切です。

〈アダルトサイトなどの不当、架空請求〉

> パソコンでアダルトサイトにアクセスしたら登録になり、請求画面がデスクトップに張付いて消えない。料金を支払わないと消えないと書いてあり不安だ。

・請求画面が消えない、ブザーがなり続ける、スマートフォンでシャッター音が鳴り、「自分の顔を写真に撮られた」と勘違いさせるなどがあります。
・料金未払いだと SMS やメールを送る架空請求も多くあります。
・サイトにアクセスしただけでは相手方に個人情報はわかりません。不安になって請求金額を支払ったり相手方に連絡すると、こちらの連絡先を知らせることになり、新たな被害にあう危険があります。
・パソコンに請求画面が張付いて消せない場合は、独立行政法人情報処理推進機構（IPA）のサイトで請求画面の消去方法が公開されています。（IPA システムの復元で検索）

- スマホの場合は、ブラウザを使ってアダルトサイトの画面が表示されているので、タブを消去すれば消すことができます。
- 警察庁は、違法、有害な情報の通報の受付や、電子掲示板の管理者などへの削除依頼などに対応する「インターネット・ホットラインセンター」を運用しています。
- 有料だとわからない場合や申込むつもりがなかった場合は、契約が成立していないと考えられます。事業者が契約の確認（契約の確認画面を設けているなど）をしている場合を除き、民法・電子消費者契約法で錯誤無効を主張できます。[注]

  （注）電子消費者契約法とは

  ネット取引などで、①注文の操作ミス（例：1個が11個とマウス操作で間違える）を救済する措置として確認画面がない場合は契約を無効にする、②契約成立の時期を転換（発信主義を到達主義）する措置が講じられています。（「電子消費者契約及電子承諾通知に関する民法の特例に関する法律」2001年12月施行）

〈サクラサイト商法〉

> 「お金をあげる」というメールに返信すると、余命いくばくもないので、遺産を分けてあげると返事があり、ポイント制出会い系サイトへの登録を勧められた。メール1回500円程度のポイントが必要だが、その都度文字化けなどが起きまったくやり取りができなかった。メールのやり取りのポイント代金100万円以上を電子マネーなどで払った。お金を取戻したい。

- サクラサイトとは、サイト事業者が雇った「サクラ」が芸能人や異性、経営者、占い師などのキャラクターになりすまして、消費者のもうけ心や同情心などさまざまな心理を悪用してサイトに誘導し、相手とのメール交換などに必要な有料サービスを利用させ、メール交換を繰り返してその都度支払いをさせたり、サイト利用は無料でシステム管理料を請求するなどのサイトです。事例のように、メールのやり取りだけで数百万円もの被害にあう例もあります。
- 詐欺的な商法で被害回復は困難ですが、サクラ（サイト事業者）とのやり取りやクレジット利用明細書があれば、サイト事業者や決裁代行業者などと交渉して返金される場合もあります。メールのやり取りの記録やサイト事業者に払った証拠となるもの（振込伝票、クレジット利用明細書、電子マネー証票等）を保管しておきましょう。

・特定電子メール法、特定商取引法により、広告宣伝メールの送信は、原則として消費者があらかじめ同意した場合のみ送信することができる「オプトイン方式（事前に承諾を得ること）」となっています。承諾なく突然届くeメールなどでの誘因は禁止されています。

（個人の情報トラブル）

> 「面白半分に自撮りの性的画像の写真を友人に送ったら、拡散してしまった。」などのトラブルが増えています。

・ネットでは、年齢だけ、学校名だけなど、個別の断片的な情報を書き込んだだけでも個人を特定できる可能性があります。また、情報を消しても、複製されていたり、共有していた人から知らない人に広がっていく危険があります。特に、SNSやゲームサイトでのミニメールは、相手の信頼度が確かめられないので、個人情報は教えないことが大切です。
・自分の個人情報を安易に公開しないこと、他人が載せた情報や個人情報を勝手に使わないなど、ネット上のモラルを守ることが大切です。
　万が一、被害にあった場合は、できるだけ早く警察に相談することが大切です。

> **ひと口メモ：著作権、肖像権**
> 　自分の好きな人気アニメを動画共有サイトに投稿（アップロード）したり音楽を許可なくダウンロードしたりアップロードする人がいます。音楽や小説、絵画、図形など人が創作したアイデアを著作権と言います。知的財産権のひとつです。人の財産を勝手に使うことは著作権侵害になります。また断りなく他人の写真を撮ったり、勝手に他人の目に触れるところに載せるのは肖像権の侵害になります。著作権者に経済的な不利益を与え、違法となり処罰されることもあります（2013年1月施行「著作権法の一部を改正する法律」により規制）。

> **ひと口メモ：電子商取引及び情報財取引等に関する準則**
> 　ネットの登場で、新たな技術や手法によるさまざまなトラブルが登場しています。それらの取引は、現在の法律で適用するのか、あるいはどのように適用されるのかなど、解釈が明確になっていない場合も多くあります。このため、ネット上の取引などについて法令の解釈を示すために、2002年、「電子商取引及び情報財取引等に関する準則」が作られました。
> 　この準則は、法令ではないため、強制力はありません。しかし、ネット上で取引を行う事業者などが守るべきことなどを明確にすることで、ネット上での取引を適正に行うなど、ネット環境を良くすることを目指しています。
> 　例：ネット上の契約の成立時期、未成年者による意思表示、ノークレームノーリターン特約の有効性、ネットオークションと景品表示法など。

3. 個人情報保護法

　自分が知らないところで、自分の情報（個人情報）が流通し、事業者が勝手に利用していないかと疑問をもったことはありませんか。

> a　自分がネットで検索したことがらや、どこを移動したかなど自分のデータが集められ広告や製品開発に利用されていると聞く。個人の情報は守られているのか。
> b　ネットで観光地のホテルを検索したところ同じ地域のホテルが、他のことで検索しているときにも表示される。

〈個人情報とは〉

　「個人情報」は、生存する個人に関する情報で、氏名、生年月日、住所、預貯金の額、病歴などにより特定の個人を識別することができる情報を指します。

〈個人情報保護法とは〉

　日本では、2003年、個人情報保護法が制定されました。法律の目的は、事業者による個人情報の利用を認めつつも、個人の権利利益を保護することにあります。個人情報を利用するには、本人の同意を得ることが大原則になりました。法律は国や地方公共団体、民間事業者に共通する基本理念と、民間の事業者に対する個人情報の適切なルールについて定めています。

　2015年、情報・通信分野の進展にともなって改正されました。

法律では、以下を定めています。
① 個人情報の利用・取得に関する義務
　利用目的をできる限り特定すること、個人情報を取得したときは、本人に速やかに利用目的を通知又は公表することが原則です。
　改正により、匿名の加工情報（たとえば暗号化）にすれば、本人の同意がなくても流通は可能としました。
② 適正・安全な管理に関する義務
　個人情報は適正に扱い、個人情報を漏えいしないこと。
③ 第三者提供の制限
　原則として、個人データをあらかじめ本人の同意を得ないで第三者に提供してはならないとしています。
④ 開示等に応じる義務
⑤ 苦情の処理
⑥ 個別情報データベース等を不正に提供した場合、処罰するとしています。

　個人の行動をネット上で集め、分析することで、その人の家族構成、行動、趣味、健康状態などすべて把握できる時代になりました。2015年の法律改正では、個人情報を暗号化して匿名情報にすれば流通、利用は可能にしましたが、検索すれば特定は可能という懸念が指摘されています。
　また、外部からの不正アクセスで個人情報が流出した日本年金機構の事例もありました。従業員が内部の個人情報を持ち出した事件もあります。法律改正では、そうした場合の処罰規定が設けられました。

　2016年1月、内閣府に個人情報保護委員会が設置され、個人情報が適切に管理されているか監視することになりました。
　マイナンバー法も制定されました。マイナンバーは国民一人ひとりが持つ12ケタの番号です。社会保障や税金、災害対策などの手続きを効率的に進めるために導入されました。マイナンバーも個人情報です。個人情報保護委員会で管理することになりました。

（苦情や相談の窓口）
・事業者の苦情受付相談窓口
・認定個人情報保護団体（個人情報保護委員会のHP参照）
・国民生活センター　・地方公共団体の消費生活センター等

〔参考文献〕
・『インターネット消費者取引被害救済の実務』（山田茂樹　（株）民事法研究会　2014年）
・『インターネット消費者相談Q＆A（第4版）』（第二東京弁護士会消費者問題対策委員会　（株）民事法研究会　2014年4月）
・『電気通信サービスQ＆A』（総務省　平成29年度）

第4章 クレジットと多様な支払い方法

　日本で初めてクレジットを専門に扱う会社が登場したのは、1951年です。クレジットの登場で消費者は現金がなくても欲しいものを手に入れることが可能になり、事業者は顧客を増やすことができ、クレジット会社には手数料（利息）が入るという、3者それぞれの利益があり社会に急速に浸透していきました。

　クレジットは、消費者が高額な商品を購入するときの決済方法（代金の支払い方法）として利用する時代から、現在では、飲食店や日用品の購入などの小口決済もクレジットで行うことが可能になり、日常生活のすみずみに浸透しています。

　さらに、電子マネーやネット決済など、多様なキャッシュレスの方法が登場し、現金を持ち歩かない生活が当たり前になりました。それと同時に、仕組みが複雑になりトラブルも多くなっています。

1. クレジットの基礎知識

　クレジットとは、「信用」「信頼」という意味で、商品やサービスの代金を後で支払うことを言います。商品などを契約するたびにクレジット利用の申込みを受けてその都度審査を受けて利用する「個別クレジット方式」や、あらかじめクレジット会社の審査を受けて発行されたクレジットカードを用いた「包括クレジット方式」があります。

〈クレジットの仕組みー1　個別クレジット方式〉

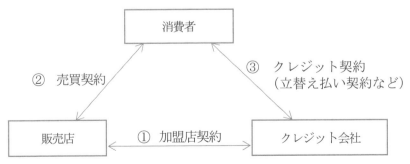

① 販売店は、事前にクレジット会社と加盟店契約を結びます。

② 販売店と消費者の間で売買契約を締結します。
③ クレジット会社は、消費者の与信（返済可能かなどの信用情報の確認）を行い立替払契約を締結します。消費者に代わり販売店に商品やサービスの代金を一括決済します。消費者は、商品等を受取った後、クレジット会社に分割返済（翌月一回払いもある）します。

（主なクレジット代金の返済方法と手数料）

一括払い	一回で返済が終わる	一般的に手数料はかからない
分割払い	返済の回数を決める	支払い回数に応じた手数料
リボルビング払い	毎月一定額の返済	支払い残高に応じた手数料

※リボルビング払いはクレジット代金の返済方法のひとつで、定額方式、定率方式、残高スライド方式があります。

〈クレジットの仕組み－2　包括クレジット方式〉

・近年は、クレジットカードが一般的になりました。クレジット利用金額の枠を決めてその枠の範囲内であれば消費者はクレジット会社と加盟店契約を結んでいる販売者と商品やサービスを自由にクレジットで購入することができる仕組みです。

　クレジット会社は、カードを発行する業務を担い、加盟店契約会社が、加盟店契約や加盟店の管理業務を行う形態になりました。

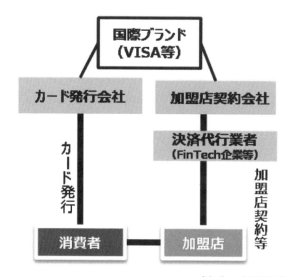

（出典；経済産業省HP）

　クレジット会社（イシュア）、加盟店契約会社（アクワイアラ）が別々の会社の場合は「オフアス取引」と言います。

① 販売店は加盟店契約会社（アクワイアラ）と事前に加盟店契約を結びます。
② 消費者とクレジット会社（イシュア）は、カード会員契約を結びます。（クレジットカードの発行）
③ 消費者が、販売店と商品やサービスの契約を結んだ場合は、販売店から売上げデータが加盟店契約会社（アクワイアラ）や国際ブランド（VISAなど）を介在してクレジット会社（イシュア）と加盟店契約会社（アクワイアラ）の間で決済が行われます。
④ 消費者は、クレジット会社（イシュア）に代金を支払います。
　近年は、加盟店契約会社の代行業を行う決済代行業者が登場し、決済代行業者が介在した取引も増えています。

> **ひと口メモ：決済代行業者って何？**
> 　販売店の決済の代行など、加盟店契約会社の業務を代行する会社を決済代行業者と言います。
> 　決済代行業者が登場したことによって、飲食店などの小規模な販売店は、煩雑な事務手続きや入出金の処理などが簡便になり、クレジットカード決済を導入しやすくなりました。

〈海外の決済代行業者を介在させた詐欺的な商法〉

> 　懸賞サイトに登録したら出会い系サイトからメールが届き、100万円以上のお金をくれるという。やり取りのためにクレジットで20万円分のポイントを購入したがだまされた。海外決済代行業者を介したカード決済だった。

・国内の加盟店契約会社は、加盟店の審査や管理を厳しくしています。このため、悪質な販売店（事業者）は、海外の決済代行業者を利用するケースが増えています。このようなケースは解決が困難になっています。
・アダルトサイトや出会い系サイトなどは、海外の決済代行業者を利用していることもあるので、注意する必要があります。

> **ひと口メモ：最近の割賦販売法の主な改正項目**
> 　割賦販売法は、クレジット取引などで事業者が守るべきルールを定めた法律です。2016年に改正された主な内容は以下のとおりです。
> ☐　加盟店契約会社は、経済産業省の登録を受け、販売店の販売方法やセキュリティ対策が適切であるかどうか、調査を行わなければならなくなりました。
> ☐　加盟店契約会社と販売店の加盟店契約について加盟店契約会社から実質的な最終決定権限をまかされて加盟店の管理を行う決済代行業者は、登録が必要になりました。（決済だけなど、一部のみを行う決済代行業者は、登録が除外されます。）
> ☐　販売店には、クレジットカード情報がサイバー攻撃などを受けてカード情報が漏洩しないように、情報管理やセキュリティ対策が義務づけられました。

2. クレジット決済

〈リボルビング払いとは〉

> a　リボルビング（以下。リボ）払いにすると２万円キャッシュバックする特典がありリボ払いに変更したら、利息が思いのほか高かった。
> b　クレジットカードで買い物をして利息のかからない一回払いを指定したが、リボ専用カードのため、割賦手数料を請求された。

・リボ払いは、支払い残高に対して一定の算定方式で支払うもので、いろいろな種類があります。
・最も一般的な定額リボは、Aを買った後、BやCの商品を購入しても、毎月の返済額は変わらず、返済回数が増えるという仕組みです。
・リボ払いは、前の商品の返済が終わっていなくても、利用可能枠の範囲であれば次々に新たな契約をすることができます。月々の返済が一定なので気づかないうちに残高が増えることがあります。買物をすると残債務が増え、それに対しての手数料も増えます。月々の支払額を低く設定して返済回数が増えると、手数料が元金を上回るという状況が起きる場合もあります。
・クレジット会社から送られてくる利用明細書に必ず目を通し、支払残高の管理をすることが大切です。

第4章　クレジットと多様な支払い方法

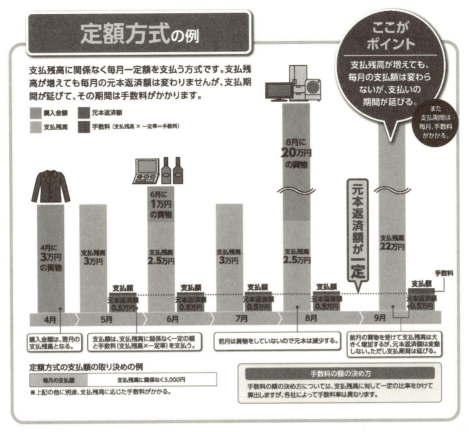

（出典；一般社団法人日本クレジット協会）

リボルビング専用カード

> クレジットカードで買物をして一括払いと告げたのに、支払いはリボ払いになっていて手数料を請求された。

・リボ払いは、買い物をした都度、リボ払いを自分で指定して利用する方法が一般的です。支払いがリボ払いに限定されているクレジットカード（リボ専用カード）や、自分で支払方法をリボ払いに登録変更をすることも可能です。リボ払いに限定登録している場合は、店頭で「一回支払い」と告げても、支払いはリボ払いになります。

・新規にカードを作るときや、リボ設定に変更するときは、契約書の規約を確認して、リボの仕組みを理解したうえで契約することが大切です。特典のみにつられて安易にリボ払い限定にする登録は避けましょう。

45

〈クレジット決済のトラブル〉
商品の未着や壊れていた場合

> クレジットで購入した商品が届かない。

・「商品が壊れている」、「商品が届かない」など、契約したものに重大な瑕疵（欠陥など）がある場合は、消費者はクレジット会社に対して返済を一時停止することができます。このことを「抗弁の接続」と言い、クレジット契約書に規定があります。売買契約上の問題が解決すれば支払いは再開することになりますが、販売会社（事業者）が解約処理をする場合もあります。手続きはクレジット会社に問合わせましょう。

▽翌月一回払いの返済方法

・手数料のかからない翌月一回払いのクレジットを利用する人が増えています。翌月一回払いは、支払い停止の抗弁の規定が適用されません。このため、ネット決済などでトラブルになったときは、クレジット会社との交渉が難しくなります。こうしたデメリットも知ったうえで、自分が最も都合の良い返済方法を決めることが大切です。

> **ひと口メモ：チャージバック制度とは？**
> 国際ブランドがついたクレジットカードには、チャージバック制度があります。商品未達、利用した覚えがないなどの取引について、国際ブランドが定めた理由（リーズンコード）に該当する場合は、クレジットカード発行会社（イシュア）が加盟店契約会社（アクワイアラ）に対して主張できる制度です。抗弁の接続のような法律上の規定ではありません。国際ブランドのクレジットカードでトラブルが起きた場合は、クレジットカード発行会社に問い合わせましょう。

〈個人信用情報機関〉

・クレジットの利用状況は、個人信用情報機関に登録され利用者の信用情報（クレジット利用の履歴など）として管理されています。「クレジットカードを作ろうとしたら、カード会社に断られた」など、自分の信用情報を確認したいときは開示請求することができます。

◇全国銀行個人信用情報センター
全国銀行協会が設置・運営している個人信用情報機関で、会員は金融機関（銀

行、信用金庫、信用組合、労働金庫、農業共同組合など)、銀行系クレジットカード会社、保証会社などです。

◇(株)シー、アイ、シー（CIC）

会員は、信販会社、専門店会、リース会社、保証会社、消費者金融会社、金融機関、クレジット会社、百貨店などです。

◇日本信用情報機構（JICC）

会員は、消費者金融会社、信販会社、カード会社、金融機関、保証会社リース会社など。

〈ネットで安全なクレジット決済をする〉

> ネットでクレジット決済をしたら、知らないところから請求が来るようになった。

・(鍵)のマークや、またはアドレスに https://www （s が付いている）は、高度なセキュリティが設定されています。クレジット番号を入力するときは、こうしたセキュリティを確認して利用することが大切です。
・クレジット会社にはクレジットカード番号等の管理や対策が義務づけられています。しかし、不正アクセスを完全に防ぐことは困難です。
・ネットでクレジット決済をする場合は、利用者もセキュリティ対策（インターネット専用の ID・パスワードの登録や、定期的にパスワードを変更するなど）を行うことが大切です。

3. キャッシュレスが進む、多様な支払い方法

〈支払い方法の主な種類と仕組み〉

電子マネーの明確な定義はありませんが、一般的に金銭的価値を持つ電子的なデータと言われています。

電子マネーの普及は目覚ましく、現在は、量販店や店舗が独自のサービスを付加した地域限定型や海外旅行で利用できるものなどさまざま電子マネーが出回っています。クレジットカードや銀行とつながったものも登場しています。専用カードを読み取り機にかざして決済、携帯をタッチして決済、ネット上で決済するなど決済方法もいろいろあります。そして、それぞれが組合わされて、多様な使わ

れ方ができるようになってきました。

さまざまな電子マネー

IC型電子マネー（前払い）	プリペイドカードのICチップに現金をチャージして金銭的価値をもたせたプリペイドカード（携帯のICチップに登録することも可能）で、チャージをすれば繰返し利用できます。クレジットカードと連動してオートチャージすることもできます。 交通系と流通系があり日常的に使われています。 　　交通系　suica ICOCA PASMO など 　　流通系　nanaco Edy WAON など
サーバ型電子マネー（前払い）	入金してID番号を取得し、そのID番号を示して買い物の代金の決済を行います。電子マネー発行会社のWebサイトで残高管理がされ、ID番号を入力すれば残高を確認できます。 　　カード発行型もそのカードには金銭的価値が入っています。 　　WebMonwy、LINEプリペイドカード、google play ギフトカードなど
後払い電子マネー	ポストペイ型電子マネーで、iD VisaTouch QUICPay などがあります。 　　クレジット会社の与信審査を受け、設定した利用枠でコンビニなどで読取機にかざして決済をします。後日、クレジットカード利用と一緒に引き落とされます。クレジットカードを発行せず携帯料金と一緒に引落とすことができるタイプもあります。最近は、デビット機能もついたカードも現れています。

その他の決済方法

クレジットカード（後払い）	本章の（1）で説明。決済の仕方は、クレジット番号を入力してネット決済する方法が一般的です。先にチャージした金額の範囲内で利用できるプリペイドタイプやネット専用の使い捨てクレジットカードもあります。

第4章　クレジットと多様な支払い方法

携帯キャリア課金（後払い）	携帯のサイトやアプリの情報料を携帯利用料金の請求の中に一緒にして請求（引落とし）されます。
デビットカード（即時払い）	銀行など金融機関に預金口座を設けて、キャッシュカードやデビットカードを作り、買い物をすると同時に預金口座から支払いをします。
オンラインバンキング	・ネット上の銀行で決済する方法です。

> **ひと口メモ：電子マネーなどプリペイドカードを規制する法律**
>
> 　電子マネーなど前払いのプリペイドカードが社会に急速に普及してきました。決済のシステムの環境の変化に対応するために、「資金決済法」が2010年4月に制定されました。（前払式証票の規制改革等に関する法律は廃止）
> 　この法律では、プリペイドカードを発行する事業者について、発行者の店舗で利用できる自家型の発行事業者は財務局に届出が、発行者以外の店舗でも利用できるプリペイドカードは第三者型の発行事業者として財務局に登録をすることが定められました。発行者の氏名、名称、支払可能金額、苦情相談窓口などを表示（情報提供）することなどが規定されています。
> 　また、発行保証金を供託することが義務づけられ、カード発行者が倒産したなどの場合は、その保証金を利用者に還付する手続きを行うことが定められました。さらに、カード発行を廃止する場合は、前払いをした金額の払い戻しを行うことが義務づけられています。

〈サーバ型電子マネーで起きるトラブル〉

> 　アダルトサイトの未納料金があるとSNSで連絡があり連絡したら、コンビニでプリペイドカードを購入して、プリペイドカード裏面に記載されている番号を知らせるよう指示された。

・カードが発行されないタイプはWebサイトや、コンビニや量販店に設置された機械などで電子マネーを購入する手続きを行うと、ID番号（例：14桁の英数、16桁の数字など）が発行されます。このID番号をネット上に入力するなどして決済が行われます。

・出会い系サイトや架空請求などで詐欺的な取引を行う事業者の中には、事例のように、ID番号だけで決済ができる仕組みを悪用して、「ID番号を写真に撮って送る」「電話でID番号を知らせる」などの指示をして、支払いをさせる事業者もいます。

・ID番号を知らせた後で被害に気づいたら、早急に電子マネー発行会社に連絡をとって、詐欺的な行為を行う事業者にお金が流れていくことを止める手続きをしてください。

〈仮想通貨とは〉

・仮想通貨とは、円やドルなどのように国が価値を保障した「法定通貨」（一般に出回っている通貨）ではなく、ネット上でやり取りされる電子データです。現在では世界中で何百種類もの仮想通貨が出回っていると言われています。紙ベースの紙幣はありません。
・仮想通貨のサービスを利用するときは、資金決済法にもとづく登録業者かどうか確認しましょう。（金融庁HPに記載）
・登録事業者は仮想通貨の仕組み、リスク、手数料などを説明する義務があります。
・手数料が安いことなどから利用者が増えています。最近では仮想通貨を導入しているホテル（宿泊代金の支払い）やレストランなども現われています。
・改正資金決済法（2017年4月施行）によって、仮想通貨と法定通貨（一般に出回っているお金）の交換を行う仮想通貨取扱業者は、仮想通貨交換所や取引所に登録することや、仮想通貨の管理、他の仮想通貨との取次や交換などを義務付けられています。また、法律に基づいた立入検査や業務改善などの対象となっています。
・登録業者かどうか確認し、取引の手数料や自分が行った決済の履歴を確認することが大切です。
・なかには発行者が不明のものもあります。犯罪に狙われやすいとも言われています。
・一方、仮想通貨は、需要と供給の差で取引価格が決まる特性があり、大幅に上昇や下落する可能性があります。差益を狙った投機取引も盛んに行われており、トラブルも増えています。（第5章参照）

第4章　クレジットと多様な支払い方法

ひと口メモ：スマートフォンで決済

　クレジットカードや後払いプリペイドカードをスマートフォン（以下、スマホ）に取入れて決済することが一般的になってきました。

　お店のカードリーダー（読み取り装置）とスマホを結んで決済をしたり、お店に設置したタブレットなどの端末の画面にスマホをかざして決済をする方法などがあります。

　「スマホ決済で購入した商品に傷があった。解約したいが事業者と連絡がとれない。」「スマホを紛失し、クレジットを使われた」などのトラブルがあります。紛失したときは、通信通話機能の停止だけでなく、クレジット機能の停止手続きも合わせて行う必要があります。また、紛失時に他人に携帯を利用されないようにパスワード設定しておくことも大切です。

ひと口メモ：ポイントや特典に惹かれてカードを作ると

　買い物をする時、「ポイント5倍」「〇％割引」など、特典に惹かれてポイントカードや電子マネーカード、クレジットカードを作ることが多くなっています。

　店舗でポイントや特典が得られると勧められると、数十枚にもなって管理しきれないという人もいます。また、ポイントが貯まることや特典を得ることに関心がいき、つい買い物が増えてしまうこともあります。

　一方、ポイントカードやクレジットカードで買い物をすると、商品やサービスの契約履歴が事業者側にわかるため、趣味や好みなどを分析して個人をターゲットにした広告がされることもあります。紛失すると、個人情報が盗まれたりクレジットを悪用される危険もあります。

コラム　抗弁の接続とは

　1970年代頃から、クレジットを利用した悪質商法が増えだし、全国各地の消費生活センターには、悪質商法による契約トラブルが多数寄せられるようになっていきました。

　解約交渉によって、売買契約が解約できた場合でも、クレジット契約と売買契約とは別々の契約だという考え方でクレジット代金の返済が残り、消費者被害を救済することができないケースが多くありました。

　全国の消費生活センター、消費者団体、弁護士などは、「消費者が売買契約を結ぶ前に、販売会社とクレジット会社は加盟店契約を結んでいること。消費者が売買契約を結ぶ時に、販売会社の担当者が関与してクレジット契約を結んでいるなど、両者は一体不可分の関係にある。」という考えのもとで、加盟店契約の締結上の責任を法律（割賦販売法）上で明確にするよう働きかけを行いました。

　ついに、1984年（昭和59年）、割賦販売法に「抗弁の接続（第30条の4）」の規定が創設されました。売買契約の締結過程に問題がある場合は、クレジット会社に対して、支払いを一時停止する抗弁ができるようになったのです。（一回払いの場合は適用がありません）

　クレジット会社は、販売会社が強引な販売をしていないかどうかなど、販売方法の管理をする責任が明確になりました。

〔参考文献〕

- 『お支払いは、どれになさいますか？』（公益社団法人全国消費生活相談員協会　2013年12月）
- 「プリペイドカード基礎知識と新たな動き」（長谷川恭男　国民生活センター『国民生活』　2013年12月）
- 『キャッシュレス決済の多様化』（上田恵陶奈　国民生活センター『国民生活』　2015年7月）

第5章 変わる金融と消費者

　金融とは、円滑に経済活動を行うためのお金の流れです。お金は経済や社会を動かす血液としてめぐり、社会の動きをすばやく反映します。

　消費者は、預金や貯金、保険への加入、株式の投資・投資信託（これらは金融商品）などを通じて金融の流れに組込まれています。

　1990年代になると、金融分野の規制緩和が進み、1993年4月の金融制度改革法制定以降、多様な金融商品（複雑な投資信託や保険など）が登場しました。さらに銀行で保険商品を販売するなど、違う業種の商品を販売することができるようになり、販売ルートが多様化しました。金融広告を目にするようになり、個人（消費者）にも複雑な金融商品が販売され、トラブルが増えてきました。

　2014年から、少額投資非課税制度（NISA）が導入され、より多くの人に投資を促す政策がとられています。

　近年は、ネットでの株式の売買、ネット銀行、仮想通貨の登場などにより、金融の世界は大きく様変わりしています。

1. 投資型商品のトラブル

〈ファンド型投資商品〉

> a 「元本保証、高利回り」だと勧められファンドに出資したが、不安になったので返金を求めたが、応じてもらえない。
> b 「金融庁の許可を受けている事業者だ、ファンドに出資しないか」と勧誘を受けたが、信用してもいいか。

◇ファンドとは
・一般に「ファンド」とは、複数の個人や機関から資金を集めて、その資金を元手にして事業などを手がけ、収益があがれば出資した人に出資額に応じて収益金を分配する金融商品のことを言います。
・最近では、投資経験の乏しい高齢者を狙って、CO_2排出権取引などの「プロ向けファンド」を売込むという手口のトラブルがありました。

- 「プロ向けファンド」は、仕組みが複雑でリスクが大きいものが多く、販売や勧誘の規制がゆるやかなものが多くなっています。
- 「ファンド」を扱う事業者は、金融商品取引法にもとづき、金融庁に登録が義務づけられています。勧誘を受けたら、登録業者かどうか、金融庁のHPで確認し、登録されていない場合は、詐欺的な事業者である可能性が高いため、関わりを持たないようにすることが大切です。

◇クラウドファンディングとは
- ファンドの一種です。最近、よく耳にします。クラウドは群衆、ファンディングは資金運用のことです。不特定多数の人からネットなどを利用して資金を調達し、新たな事業などに資金を提供する投資の方法です。
- ベンチャー企業や映画づくり、アーティストの活動支援など工夫次第でいろいろな取組みができます。しかし、ネットで募集をした後、お金だけ集めてサイトが消えていたなどの詐欺的な商法もみられます。

〈海外FX取引〉

> ネット広告で海外FX取引を見つけ、事業者に資料請求したところ、FX自動売買ソフトの購入を勧められた。海外の取引口座に入金、取引を開始したが、もうけが出たので出金を希望したが応じてくれない。

- FX取引（Foreign Exchange）とは、外国為替証拠金取引のことで、一定の証拠金（元手のお金）を預けて、その何倍もの（現在は25倍が上限、2017年より上限10倍となる）金額で外貨の取引が行われるものです。規制緩和によって、個人でも取引ができることになりました。
- 少ない証拠金（元手）で、利益が大きく出ることが強調されますが、為替の変動によっては、損失も大きくなる、リスクの高い取引です。
- 2000年代当初は、「率のいい外貨預金のようなもの」と高齢者が勧誘を受けて取引に入り、大きな被害になりました。事業者と連絡がとれなくなる事態も起こりました。
- 最近では、海外の事業者がネットを通じて若い人にも勧誘を行っています。取引の仕組みをよく理解していないため、事業者のいいなりになって損失をふくらませているケースもあります。
- 「絶対もうかる」という断定的な勧誘には注意しましょう。

・外国為替証拠金取引業者は、金融庁への登録が義務づけられていますが、海外の事業者は届け出をしていない可能性があります。

> **ひと口メモ：FX取引（外国為替証拠金取引）と不招請勧誘の禁止**
> 「不招請勧誘」とは、消費者が来て欲しいと頼んでいないのに訪問して来たり、勧誘の電話をかけてくることを指します。金融商品取引法では、FX取引（一部）に不招請勧誘の禁止の規定があります。
> これは、FX取引の被害が爆発的に増えた2000年代のはじめ、被害者のほとんどが不招請勧誘で取引に巻き込まれたことによります。被害を防ぐために、画期的な規制が導入されました。（現在は、取引所で行われるものは除外しています）

〈未公開株・あやしい社債〉

a　友人から「上場予定のある事業者の株を購入すれば絶対もうかる」と未公開株の購入を勧められている。
b　未公開株を購入したが、上場予定時期を過ぎても上場しない。
c　大手スーパーと類似した名前の会社を名乗り「出身地限定で社債を購入する権利の販売をしている」と不審な電話があった。

・「未公開株」は、証券取引所に上場していない株式のことです。
・「未公開株」を販売できるのは、証券会社、未公開株の発行会社に限られています。個人を勧誘して、未公開株を売ることはありません。
・「社債」は、一般の会社が発行する債券（利息付）です。会社が多数の投資家から資金を借入れる際に発行します。

〈仮想通貨の投機商品〉

a　知人から「5倍以上の価値になる」と誘われ仮想通貨を購入したが、言われたとおりにならなかった。
b　投資セミナーに参加し、「1日1％の配当がつく」と言われて手持ちの仮想通貨を預けたが、説明どおりに出金できない。

・「仮想通貨」はショッピングや送金、支払いなどに利用されるもので、送金手数料が安いことなどから利用されています。
・日本では、資金決済法で規制しています。（第4章を参照）

・しかし、仮想通貨を投資商品として扱う事業者が出てきたことや、仮想通貨の取引と見せかけた詐欺グループが出てきたことで、トラブルが急増しています。
・仮想通貨の取引は、相場が激しく変動するため、リスクが大きく、大きな損失を受けることもあります。「必ずもうかる」という勧誘には注意をする必要があります。取引内容が理解できない場合には、取引には応じないことが大切です。

〈トラブルになりやすい勧誘方法〉

次のような場面でトラブルに巻き込まれています。（出典；金融庁HP）

劇場型	複数の事業者が登場し、うまい話を信用させる手口。たとえば、勧誘会社、株の発行会社、弁護士などが登場し、それぞれが役割を分担して消費者を信用させる手口
公的機関装い型	金融庁など公的機関を名乗り信用させる手口
代理購入型	後でお金を振込むので、代わりに未公開株を購入してほしいと依頼してくる手口
被害回復型	一度被害を受けた人を狙い、被害回復をすると偽る手口

詐欺的な商法で、よく使われる用語
・未公開株　・社債　・ファンド　・太陽光発電　・CO_2排出権
・水資源利用権　・海外事業　・海外不動産投資　・海外リゾート投資
・介護施設　・老人ホーム　・鉱山採掘権

〈トラブルにあわないためには〉

▽契約をするときの注意

□金融取引業者は、金融庁に登録しているか確認する。

□「もうかります」「絶対損はありません」といった勧誘文句には注意しましょう。

□元本割れのリスクなど金融商品の仕組みは理解できていますか。

□手数料や事業者に支払う報酬について説明があり、理解できていますか。（契約時、契約中、解約時、総額の確認）

□解約の条件の有無と内容が理解できていますか。

□金利の表示は年利で表示されています。金利4％と表示している金融商品でも「3か月もの」とあれば、実際の利回りは1％です。

　4％÷365日×90日＝0.9863（≒1％）

□ネット上の広告は、最後のページの隅々まで掲載されている情報を確認しま

しょう。重要事項は小さい文字で書いてあることが多くみられます。
▽契約後の注意
□契約の内容は取引中も定期的にチェックしましょう。
□金融商品のパンフレットや説明書は保管しておきます。ネット上の画面もプリントアウトして保管します。
□質問したことや回答もメモしておきます。

〈金融商品販売法、金融商品取引法とは〉
　金融分野の規制緩和が進み、取引ルールが整えられてきました。
　2000年に制定された「金融商品販売法」と、2006年に証券業取引法を改正して制定された「金融商品取引法」があります。

◇金融商品販売法は、消費者が損害を被った場合、事業者に損害賠償請求ができる法律です
・金融商品とは、預貯金や信託、保険など幅広く対象にしています。
・事業者には、契約内容の重要事項の説明義務や、「必ず上がります」などと断定的な説明をしてはいけないと規定されており、その違反により消費者が損害を被った場合は、消費者は事業者に損害賠償を請求できます。

◇金融商品取引法は、金融取引をする事業者を規制する法律です
・投資性のある金融商品は、国債、地方債、社債、証券、共済、海外の金融商品やいわゆるデリバティブ取引など、幅広く対象として、投資家の保護ルールや、市場の透明化、国際化などを目的に制定されました。（預金、保険は対象外）
・金融商品取引業者は登録制です（内閣総理大臣に申請、登録）
・事業者の行為ルール（広告の規制、販売・勧誘・契約の規制）を強化をしています。

適合性の原則	顧客の知識や経験、資産状況、購入目的等を確認したうえで、顧客に合った商品をすすめることの義務づけ
書面交付義務	商品の仕組み、リスク、費用がわかるように記載した書面を交付すること
禁止行為	不招請勧誘の禁止（一部）　再勧誘の禁止（一部） 断定的判断の提供の禁止　虚偽の説明の禁止
損失補てんの禁止	取引によって生じた損失の補てんをすることの禁止

(注）適合性の原則で売ってはいけない例
・投資知識や経験がない人に、そのことを知りながら、ハイリスク型の投資信託を勧めること。たとえば80歳代の高齢者に、20年後に支払いがはじまる年金商品を勧めること。

〈フィンテックで大きく変わる金融の世界〉

　フィンテックは、Finance（金融）とTechnology（技術）を合わせた造語です。言葉として使われはじめたのはここ数年です。インターネットの登場は、金融の世界を大きく変えました。

　金融と情報を融合させ新たな金融商品やサービスが提供されています。まず、ネットでの株式等の売買からはじまり、ネットバンクや仮想通貨の登場もそうです。

　消費者向けには、
○ネット上での決済や仮想通貨など決済・送金（決済代行業も含む）
○家計簿の管理など資産管理
○資産運用支援
○クラウドファンディングなどによる資金調達
○その人に合った保険の適切な選択
などが提供されています。

　今後、なお一層、個人情報の管理が必要になります。
　また、これからの銀行や証券会社等の業務はどうなっていくのか、フィンテックを利用した企業の登場など、金融の世界やルールを大きく変えていく可能性を秘めています。

ひと口メモ：社会的責任投資とは

　消費者は、「商品を買う」「預貯金をする」「投資をする」などを通じてお金を使っています。お金の使い方を考えることで社会を良くしていくことができます。
　一方で、企業（事業者）は、環境への配慮、労働条件、消費者対応、地域社会への貢献などが、企業の社会的責任として問われています。
　このような企業（事業者）が行う活動を応援することを、社会的責任投資と言います。そうした企業の株式を選んで組込んだ投資信託もあります。
　企業（事業者）に対してだけでなく、地元の再生エネルギー事業に投資するファンドもあります。

> **ひと口メモ：確定拠出年金**
> 2001年に確定拠出年金法にもとづいて設けられた私的年金制度です。一般的には事業者が掛け金を拠出して、投資を行いその運用益と掛け金を将来年金として受領するという制度で、運用実績で受取る年金額が変動します。企業が運用する企業型と、従業員が自分で運用する個人型とがあります。

2. 生命保険、損害保険のトラブル

〈生命保険〉

　保険商品は、まさかの事態に備えるためのものです。生命保険は、死亡に備えるためや、病気になったときのための保険です。損害保険は、自動車保険や火災保険、地震保険などがあります。この他、がん保険などの医療保険があります。保険の契約は、「約款」（契約書）にもとづいて行われています。

> a　既往症（入院や通院をしたこと）を告知（通知）して保険契約をしたが、保険金を請求したら支払えないと言われた。
> b　加療中であるにもかかわらず、保険会社から一方的に治療費にかかる保険金を打ち切られてしまった。
> c　120日間入院保険金が出るはずの保険契約で120日間入院したにもかかわらず、60日分しか支払われなかった。

・病歴等を告知し、そのことが認められて保険契約をした場合であっても、約款の規定によって保険金が払われないことがあります。保険商品の内容は、各社で違うので約款を確認しましょう。告知義務違反（病歴があるのに言わなかったなど）の場合は、原則、保険金は支払われません。

・一般的に、症状が改善できない状態になることを「症状固定」と呼び、症状固定日以降の医療費等は、原則として支払われません。

・入院、通院した日数のすべてが、認められるわけではありません。認定の内容は各社保険の約款で判断されます。保険金対象日数、障害の等級の判断は、各社の個別の判断によります。

・保険金の支払いなど保険会社の判断がよくわからない場合など相談や苦情は生命保険協会生命保険相談所に相談しましょう。全国各地で相談や苦情、照会を受付けています。保険会社とのトラブルが解決しない場合は中立、公正な

ADR機関の裁定委員会に申立てを行うことができます。

〈損害保険〉

> 交差点で信号待ちをしていたら、わき見運転の後続車に追突された。
> 自分には過失がないが、加入している保険会社に示談を頼んでも、対応を引受けてもらえなかった。

・本人に代わって示談交渉を行うサービスが付いている自動車保険が多くあります。しかし、事例のように被保険者（保険の対象者）に過失がない場合は、示談サービスは行いません。

・弁護士特約が付いている自動車保険も多くあります。被保険者（保険の対象者）が過失がない被害者の場合でも、弁護士が相手方との示談交渉をする内容になっている場合が多くあります。

・事故の後遺症で痛みがあった場合でも、その痛みが後遺症であるという医学的な根拠がないと、後遺障害と認められず保険金が支払われないこともあります。

・保険商品は複雑なものがあり、保険金を受取るときには時間が経過していることも多く、契約時の記録が残っていないこともあります。保険を契約した時の、証券、約款、しおり、記録などは大切に保管しておくことが大切です。

・保険契約者（契約の当事者で保険料を払う人）と被保険者（保険の対象者）が違う場合もあります。

・交通事故やその他損害保険に関する相談、苦情は損害保険協会のそんぽADRセンターが受付けています。保険会社との間でトラブルが解決しない場合はそんぽADRセンターに申立てを行い、中立公正な紛争解決委員による解決支援を受けることができます。

ひと口メモ：外貨建て保険のトラブル

　銀行などの金融機関で保険商品の窓口販売が解禁されて10年がたちます。最近は、外貨建て保険のトラブルが目立ちます。
　「預金が満期になったので銀行に出向いたら、別室に案内され、豪ドル建ての金融商品（保険）を紹介された。豪ドル建てだと運用成績がいいという説明を受け、契約してしまった。解約したい。」といった相談です。「保険商品と気がつかなかった」「契約時や解約時などに手数料がこれほどかかるとは思わなかった」といったトラブルが寄せられています。

コラム　保険の転換問題　不払い問題

　1999年（平成11年）、生命保険の乗換えや転換問題が起こりました。長年契約してきた生命保険を、「保険料が安くなる」などの説明で、保障の内容が前の保険よりも悪くなることを十分説明しないまま、新しい保険に転換させていたというトラブルが多発し、社会問題になりました。
　2005年（平成17年）、生命保険会社、損害保険会社ともに保険金の不払い問題が起こりました。ほとんどの事業者が保険の給付金や配当金の不払いをしていたのです。意図しない払い忘れも含めて不払いの理由はさまざまでしたが、業界の体質が問われました。
　保険業界は『バイヤーズガイド』などを作成し、消費者への情報提供を徹底するとしました。
　その後、保険法、保険業法の改正も進められることになりました。

（金融商品や金融トラブルについて知識を得る）
・金融広報中央委員会
・金融庁金融サービス利用者相談室
・国民生活センター
・各地方公共団体の消費生活センター等
・各業界団体のHP

第6章　多重債務に陥らないために

　町中には、「金銭自動支払機」がたくさん設置されており、5万円、10万円といったお金を担保（土地や家屋など）なしで、簡単に借りることができます。また、突然の失業や病気で、やむなく消費者金融などからお金を借りることもあります。さまざまな理由からお金を借り続けて、いつの間にか借りたお金を返すことができない状況に陥ってしまう人がいます。

　複数の金融機関等からお金を借りて借金が増え返済ができなくなることを多重債務（状態）と言います。

　2006年には、多重債務に陥る人が増え、深刻な社会問題になりました。この多重債務問題を解決するために貸金業法等の改正が行われました。貸付金利が引下げられ、総量規制（年収の3分の1までしか貸し出しはしない）が新たに導入されました。また、国や地方自治体は、多重債務問題対策協議会を立ち上げ、広報活動を強化するとともに多重債務問題の相談受付体制の強化を図った結果、多重債務者は次第に減少していきました。

　しかし、多重債務問題は、いつの時代も常に起こる問題です。現在も、多重債務に陥った人からの相談が相談窓口に多く寄せられています。クレジットカードによる使いすぎ、銀行系カードローン、ネットなどを通じて借りたヤミ金融業者からの借金などさまざまです。若い人では、奨学金の返済も大きな負担になっています。

図1　お金を借りるきっかけ

平成25年度下半期及び平成26年度上半期における財務局等への相談者の分布

○相談者の借金をしたきっかけ（複数回答可）　　　　　　　　　　　　　　　（数字は人数）

きっかけ	人数
低収入・収入の減少等（生活費・教育費等の不足）	1587
商品・サービス購入	583
事業資金の補填	533
住宅ローン等の借金の返済	398
ギャンブル・遊興費	260
本人、家族の病気・けが	240
保証・借金肩代わり	239
その他	358
不明	502

（出典；財務省）

1. お金を借りることができる主なところ

（無担保・小口）

◇金融機関のカードローン

　（銀行、信用金庫、信用組合、労働金庫、JA、など）

・あらかじめ利用限度枠が決められていて、使い道が自由なローンです。いつでもATMなどから借りることが可能です。

◇信販会社（クレジット会社）のカードローン

・クレジットカードでキャッシングをする場合は、与信枠（借りられる金額）が決められていて、その範囲内なら自由に何回でも借りることが可能です。

◇消費者金融会社からの借入れ

・使い道の限定はなく、無担保・無保証で借りることができます。簡単な審査で借りることができるため、金利が高くなっています。

　他にも、働いている企業（事業者）内の貸付制度や、都道府県の社会福祉協議会の生活再生事業などがあります。

2. 多重債務のトラブル

全国各地の消費生活センター等に寄せられた多重債務の相談数の推移です。

年度	2012	2013	2014	2015	2016	2017（6月末）
相談件数	38,677	32,206	31,000	29,192	25,985	4,802

（参照：国民生活センター PIO-NET 情報）

〈生活苦による多重債務〉

> a　収入が減少し生活資金のために借金をしたことがきっかけで、借金がふくれていった。返済ができない。（300万円）
> b　親が浪費家で生活費が足りなくなり、大学の授業料やアパート代も払えなくなり借金を繰返した。働いているが借金の返済ができない。（800万円）

・a、bの事例は、税金を延滞したため銀行口座を差し押さえられたことから相談窓口を訪れています。消費者金融、銀行、個人などから借金を重ね、目の前

の借金を返済することで手いっぱいで、どうしたらいいかわからない状態でした。
・家計が大幅な赤字で借金を返済することは困難であったため、自己破産をすることになりました。そのうえで、家計管理の仕方や長期的なシミュレーションを作るように助言を受けました。
・家計管理やどこから返済すればいいかわからなくなって借金がふくらんでしまう事例は多くあります。地方公共団体の多重債務の相談窓口などに早めに相談することが大切です。

〈リボルビング払いによる多重債務〉

> 複数枚のカードで衣類を中心にショッピング時にリボ払いで決済してきた。月々の支払額は12万円。車のローンも月3万円あり、やりくりに苦労している。

・クレジットカードのリボ払いを利用して借金がふくらみ多重債務者になってしまったというケースが見られます。
・リボ払いは、定額リボは月々の返済額が一定であるため、買い物が増え残債務が増えていくと、その残債務に比例して利息が増えていく仕組みです。長年の利用で元金を上回る利息を払っていたというケースもみられます。
・多重債務にならないようにするためには、買い物をするたびに、金融機関から届く返済明細書やネットで、どれだけの負債（借金）になっているのか確認することが大切です。
・返済がいつまでも続くようだったら、クレジット会社や地方公共団体の多重債務の相談窓口にも問合わせましょう。

3. 多重債務を減らすために

> 10年以上、消費者金融業者にお金を返しているが、最近、テレビCMで過払い金が戻るという話を聞いた。どういうことか。

・貸金事業者は、2006年以前は年利20％～29.2％の間で貸していたため、20％以上で借りている場合は過払い金（支払い過ぎ）が発生していたのです。
　くわしくは、弁護士などの法律家に相談しましょう。
　貸金事業者の行為は貸金業法で規制しています。お金の貸借についての金利は

出資法と利息制限法の2つの法律で規制されています。出資法の上限金利を超した貸付は罰則が科せられます。この金利を超えるとヤミ金です。利息制限法の狙いは債務者（お金を借りる人）の保護です。

〈貸金業法、出資法、利息制限法の改正〉

・2006年、出資法と利息制限法の上限金利を20.0％にあわせました。それまでは、出資法の上限金利（29.2％）と利息制限法の上限金利（20％）が違っていました。この間の金利をグレーゾーン金利と言います。

借りる本人が、自由な意思で利息制限法を超える金利を認めたのであれば、貸し出すことができると貸金業法に定められていました（みなし弁済）。

ほとんどの人が、その内容を理解しないまま、グレーゾーンの高い金利で借りており、多重債務に陥る要因のひとつと言われていました。

・こうした問題を解消するために、2006年、改正貸金業法（貸金業法、出資法、利息制限法などの改正法）が成立しました。

改正法の内容は、次のとおりです。

☆上限金利の統一：・出資法の上限金利を年29.2％から年20％に引き下げる。上限金利を超えると刑事罰の対象になる。
・利息制限法の制限金利（年15％〜20％）を超える利息の契約を禁止し、違反する場合は行政処分の対象とする。
☆参入規制の強化：貸金業取扱主任者試験制度の導入、貸金業協会による自主規制ルールの制定などで悪質事業者を排除する。
☆過剰貸付規制の強化：総量規制を導入し、総借入残高が年収の3分の1を超える貸付を原則禁止する。（住宅ローンやリボルビングなどは除外）

あわせて、政府は多重債務問題改善プログラムを決定しました。相談窓口の整備、セーフティネット貸付の提供、ヤミ金融の撲滅などが掲げられました。

多重債務に陥らないためにこうしたことに気をつけましょう！！
図2　100万円借りた場合の金利と返済額

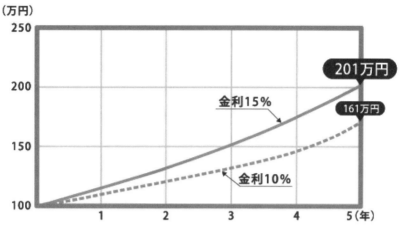

（出典：金融広報中央委員会リーフレット）

> **ひと口メモ：過払い金が戻るって何？**
> ・2006年、最高裁判所は、グレーゾーン金利について「債務者（お金を借りた人）が自己の自由な意思によって利息を支払ったものということはできない」とする判決を下しました。
> 多くの人が年利20％以上で借りていたため、計算し直すと過払い金が発生していました。
> この判決をきっかけに、グレーゾーン金利で払い過ぎた金額については返還を求める過払い金返還訴訟が増えていきました。

現代はクレジットカードをはじめ、多様な決済方法があります（第4章参照）。自動でチャージするものもあります。

知らず知らずに借金を重ねている場合があります。

収支はきちんと管理しましょう。

4. ヤミ金融

a　ネットで融資を申し込んだがヤミ金融だった。キャンセルを申し出たらキャンセル料を請求され、さらに嫌がらせをされている。
b　義母がヤミ金融業者から指示され、携帯電話4台を契約し送付してしまっ

た。その後、頻繁に電話がかかってくる。対処方法を知りたい。（国民生活センター）
c　ネットで、簡単にお金を貸してくれるというメールが届いた。当座のお金として5万円借りた。その後も、借りることを勧めてきているが、返済額が高いように思う。
d　携帯サイトで検索した業者に借入れを申し込んだところ「新規顧客には、金利を先払いしてもらっている」と言われ、借入前にお金を振り込んだが融資されない。（金融庁HP）

・出資法で定められた金利の上限を超えて貸し出すと刑罰の対象になります。上限を超えて貸出す事業者をヤミ金融と言います。
・最近では、ヤミ金融業者がネットを使って誘い込む手口が多くなっています。「すぐ貸します」「他で断られた方でも大丈夫」といった言葉です。なかには、「金融庁」や「個人信用情報機関」の名称を名乗ったりする場合もあります。
・先にお金を振り込ませる手口は振り込め詐欺の恐れが高いです。被害にあったと思ったときはすぐに振り込んだ銀行や警察に相談することが大切です。
・甘い勧誘には、絶対に耳を貸さず、手を出さないようにしましょう。

> **ひと口メモ：銀行系のカードローン**
> 　銀行や信用金庫が小口のお金を個人に貸出すこと（カード利用、限度額を設定）が、最近、増えてきました。
> 　失業や病気などで返済がとどこおると多重債務の状態に陥る恐れがあります。
> 　貸金業法の改正で年収の3分の1を超える個人への貸付けは禁止されましたが、銀行等は規制の対象外でした。そのため、限度を超える貸出しが行われている可能性があると指摘されています。実際には、銀行系の傘下で消費者金融会社が保証会社の業務を行っている場合があります。
> 　2015年、銀行等による貸出し総額は、消費者金融事業者による貸出し総額を超えました。金融庁も調査に乗り出し、銀行等では自主規制を強めています。

〈多重債務に陥らないために〉
◇ふだんの暮しのなかで
　・生活設計を立てましょう。
　・クレジットカードは管理できる枚数にしましょう。
　・買いたいものは今、本当に必要なのかよく考えましょう。

◇借りるときは
- 返済できる計画が立たないお金は借りないようにしましょう。
- 金利、手数料、支払額を必ずチェックしましょう。
- 限度額までと安易にキャッシングしないようにしましょう。
- 頼まれても連帯保証人にはならないようにしましょう。

◇返済に困ったら
- 借りたお金を返すために、新たな借金をしてはいけません。
- 返済に困ったら、早めに地方公共団体などの相談窓口に相談しましょう。家計診断を実施しているところも多くあります。
- 「いま、すぐ現金にする」など、ネット広告にはヤミ金融が多く含まれているので、甘い勧誘にのらないようにしましょう。
- ギャンブル依存症などは、早めに専門機関に相談しましょう。

ひと口メモ：安心してお金を借りられるところ

〈生活福祉資金貸付制度〉

都道府県の社会福祉協議会で実施しています。生活再生事業の一環として取り組んでいます。借りているお金の返済、家計管理、そのうえで必要と判断された場合は貸付けが行われます。

（対象）
- 低所得世帯：必要な資金を他から借りることが困難な世帯（市町村民税が非課税程度）
- 障害者世帯
- 高齢者世帯：65歳以上の高齢者が属する世帯

〈一部の生協〉

グリーンコープ生協ふくおかや熊本の生協などでは生活再生貸付事業と位置づけています。一部の労働金庫も貸付けをしています。

〈法律にもとづく借金の整理の仕方〉

任意（私的）整理	裁判所を通さず、弁護士や司法書士に依頼して、利息制限法にもとづいて債務整理を行います。
特定調停	簡易裁判所に特定調停の申し立てをして、調停委員のあっせんにより利息制限法にもとづいて債務整理を行います。

個人再生	地方裁判所に個人再生の申し立てをして認可された再生計画案にもとづき計画案どおり弁済すれば元本の一部が免除されます。
自己破産	地方裁判所に自己破産申し立てをして裁判所の審理によって破産宣告を受けます。それを受けて債務を免除されます。自己破産すると5年〜7年間は銀行等からの借金やクレジットカードの発行が受けられなくなります。

コラム　多重債務問題の取組み

　1970年代に小口、無担保の消費者金融が登場しました。サラリーマンが気軽に借りたことからサラリーマン金融（サラ金）とも呼ばれました。駅前には、サラ金の看板が立ち並んでいました。多重債務に陥る人は、この頃から現れます。

　1990年代に入ると、テレビ広告が登場し、「お金を借りてハワイに行こう！」、お金を貯めて遊ぶから、お金を先に借りて遊ぶ風潮も出てきました。町中には無人貸付機が登場し、さらに簡単に借りられるようになってきました。

　しかし、思いがけないリストラや病気、連帯保証人になると、とたんに返済に困ることになり多重債務の人は増加しました。

　2000年代に入るとヤミ金融業者から高金利のお金をやむなく借りる人が現れ、取り立てにおびえ夜逃げをする人や借金の返済を苦にした自殺者も増え社会問題化しました。

　大阪の八尾市で高齢者（夫婦）が、借金を苦に自殺しました。遺書には「悔しいですが、死にます」とありました。一気に多重債務問題解決の機運が盛上がりました。

　2006年（平成18年）には、消費者金融会社5社以上から借りている人は200万人を超える状態になっていました（全国信用情報センター連合会）。統計的には自殺者が年間3万人を超え、経済苦で自殺する人が増えていました。

　同年、貸金業法等が改正され、国や地方公共団体、関係団体などが一丸となって多重債務問題改善プログラムにも取組みました。

　2013年（平成25年）9月の時点では、多重債務者は20万人にまで減ったのです。

〔参考文献〕

・『多重債務に陥らないために』（金融広報中央委員会リーフレット）

第7章-1 住まい 住宅の耐震、売買、リフォーム、賃貸の契約編

　住まいは、かけがえのない空間であり、生活の基盤となる重要な役割を担っています。

　しかし、一生に一度か二度の買物であり建築分野は専門性が高いため、建物の構造や施工方法、使われる材料などについて事業者から説明を受けても、一般の消費者は、理解できないことが多くあります。また、日本は地震や水害など災害の多い国で、不安を持っています。

　こうしたことを背景に、過去には、建築関係に携わる事業者によって、欠陥住宅や耐震偽装、リフォームトラブルなど、生命や財産に大きな影響を及ぼす事件が起きました。また、家屋が倒壊するような大きな地震が、幾度も起きました。

　このような歴史を踏まえて、建築基準法の改正や住宅品質確保促進法などの新たな法律の制定など建築関係の法整備が行われ、消費者相談窓口も整ってきました。

　また、全国の住宅の約35％を占める賃貸住宅も、入居契約時から退去時の精算の仕方まで、貸主と借主の間でさまざまなトラブルが起きています。1998年、建設省（現、国土交通省）が「原状回復を巡るトラブルとガイドライン」を公表し、賃貸契約のトラブル解決の指針となっています。

1. 建物の耐震や性能の問題

　消費者の生命や財産に大きな影響を及ぼす大地震や欠陥住宅による被害が次々に起きたことから「建築物の耐震改修の促進に関する法律」や「住宅の品質確保の促進等に関する法律」が制定されました。

〈耐震改修を促進する〉

> 突然訪ねてきた事業者から、耐震診断が義務づけられたと言われ契約したが、解約したい。

・1995年1月に起きた、阪神、淡路大震災で多くの建物が倒壊しました。その多くが木造住宅で、建築基準法の新耐震基準（1981年に改正）を下回っていたと言われています。新耐震基準で建てられていた建物は、大きな被害を受けていませんでした。

・新しい耐震基準を促進し、建物の安全性を確保する目的で、1995年10月、「建築物の耐震改修の促進に関する法律」（耐震改修促進法）が制定されました。この法律により、地方公共団体は、耐震改修促進計画を策定することが義務づけられました。これを受けて多くの区市町村が、個人の住宅の耐震診断や耐震補強工事を行う場合、その一部を助成しています。耐震工事をする場合は、区市町村の建築行政部門に問合わせましょう。

・自宅の耐震性に不安がある場合は、（財）日本建築防災協会のHPに掲載されている「誰でもできる我が家の耐震診断」で簡単な耐震チェックを行うことができます。

2. 住宅の性能や品質を確保する法律

　建物の構造や材質などの、性能や表示に関する共通のルールがなかったため、過去には、粗悪な施工や生活に支障をきたす欠陥など、さまざまなトラブルが起きていました。

　こうした背景から、2000年に「住宅品質確保促進法」（品確法）が制定され、以下の3つが定められました。

　（1）住宅の品質や機能をわかりやすく表示する制度
　（2）新築住宅の重要な構造部分の瑕疵担保責任
　（3）住宅トラブルを解決するための指定紛争機関の設置
　以下、（1）（2）（3）について説明します。

(1) 住宅の品質や機能をわかりやすく表示する制度

> a 新築住宅を購入後、数年でシロアリが発生した。
> b 新築住宅に入ると、目がチカチカし頭痛がひどくなる。

- 品確法のうち、「住宅の品質や機能をわかりやすく表示する制度」は、国が定めた性能評価基準（日本住宅性能表示基準）にもとづいて、住宅の性能を確保した安全で安心できる住宅の建築を促進することを目的としています。
- この制度は、国土交通省に登録した第三者の登録住宅性能評価機関が住宅の性能評価を行い、「建設住宅性能評価書」を交付します。評価項目は新築住宅は10分野34項目で構造の安定、防犯、火災時の安全、空気環境、音や光の環境、劣化の防止などが評価対象です（中古住宅は7分野27項目です）。評価方法は、たとえば、以下のような内容です。
    - □ ホルムアルデヒドを含有した壁紙や接着剤などは、その発散量を等級で示し評価する。
    - □ 木造住宅のシロアリ被害などを軽減する対策は、通気や換気、高耐久の木材の使用などについて評価する。
    - □ 省エネルギーの基準は、外壁・窓の性能や冷暖房、換気、給湯、太陽光発電設備などのエネルギー消費量を等級で評価する。
- 新築住宅、中古住宅ともに、任意の制度です。
  この制度を利用した建物は、たとえば、「省エネ住宅」と宣伝された住宅がどの程度の省エネ効果があるか、数値で性能の比較を適切に行うことができます。
- 中古住宅の場合は、既存住宅の現場検査や新築時の図書（図面）等による審査によって、劣化などの不具合がある場合は、リフォームを行ったうえで評価を受けることが可能です。

(2) 新築住宅の重要な構造部分の瑕疵担保責任

> 屋根工事を契約したが、半年後に雨漏りがした。事業者に連絡したが、倒産したようで連絡がとれない。

- 住宅の瑕疵担保責任とは、建設会社や住宅販売会社（以下、事業者）に、新築する建物の基本構造部分（土台、柱、屋根、外壁、雨どいなど）について、引渡しから10年間の保障を義務づけたものです。
- 事業者は、国土交通省が指定した住宅専門の保険会社に保険加入するか、保険

金を供託（法務局などの供託所に保険金を預ける）することが義務づけられています。保険加入をした事業者は、工事中に保険法人の建築士による現場相談を受けます。
・建物の引き渡しを受けるときに、保険に加入している証明書を受取りましょう。
・保険加入をした事業者は、工事中に保険法人の建築士による現場検査を受けます。欠陥が見つかったが事業者が倒産していたというような場合でも、保険法人から2,000万円までの補修費用の支払いが受けられます。
＊住宅の瑕疵とは、目に見えない傷や欠陥

（3）住宅トラブルを解決するための指定紛争機関の設置

・建設住宅性能評価書が交付されている住宅（評価住宅）や住宅瑕疵担保責任保険が付されている住宅（保険付き住宅）のトラブルについては、品確法にもとづいて設置された「住宅紛争審査会」で、裁判外の紛争処理（あっせん・調停・仲裁）を利用することができます。申立費用は1万円で、原則として現地調査など他の費用はかかりません（「住宅紛争審査会」は、国土交通大臣が指定した全国の弁護士会に設けられた民間型の裁判外紛争処理機関です）。

　利用する場合は、（公財）住宅紛争処理支援センターの相談窓口「住まいるダイヤル」に電話相談をしましょう。
・この他、「住まいるダイヤル」では、請負や売買などで取得した住宅（中古を含みます）に関する相談や、リフォーム工事に関する相談など、総合的な住まいの相談もできます。建築士が直接電話で相談を受けています。

第7章-1　住まい　住宅の耐震、売買、リフォーム、賃貸の契約編

図1　相談サービスの流れ

```
┌─────────────────────────────────────────┐  ┌──────────────────┐
│ 請負や売買等により取得した住宅（中古を含む）に関する相談 │  │ 住宅のリフォーム │
│           （新築等住宅に関する相談）                │  │   に関する相談   │
└─────────────────────────────────────────┘  └──────────────────┘
```

- 評価住宅
- 保険付き住宅

専用ダイヤル
（右のナビダイヤルもご利用いただけます）

- 評価・保険付き住宅以外の住宅
- 住宅リフォーム

0570-016-100
PHSや一部IP電話からは03-3556-5147

公益財団法人
住宅リフォーム・紛争処理支援センター

住まいるダイヤル

電話受付　10:00〜17:00（土、日、祝休日、年末年始を除く）

・住宅に関する様々な相談を電話でお受けしています。
・契約前のリフォームの見積書をチェックして、電話で助言を行っています。
（リフォーム見積チェックサービス）

弁護士・建築士との面談による「専門家相談」
各都道府県にある弁護士会で行います。

各都道府県にある住宅紛争審査会（弁護士会）による紛争解決手続
専門家（弁護士・建築士等）が、中立・公平な立場で紛争の解決にあたります。

- あっせん
- 調停
- 仲裁

（出典：公益財団法人住宅リフォーム・紛争処理支援センター）

コラム　欠陥プレハブ住宅

　プレハブ住宅（正式名：工場生産住宅）とは、主要部分の壁、柱、床、はり、屋根などの部材を、工場で同規格で大量生産し、現場でボルトで留めて建てる簡易な方法です。終戦後の住宅不足の中で登場しましたが、その当時は、高度な技術を必要とせず、施工のノウハウなど専門知識がない企業もあり、玉石混交の業界でした。
　1972年（昭和47年）、台風20号により12万戸のプレハブ住宅が次々倒壊し、欠陥住宅ではないかという問題になりました。翌年、欠陥プレハブ住宅被害者集会が開催され、実態が明るみになりました。「プレハブ住宅をよくする会」や「欠陥住宅をただす会」が組織され、専門家とともに住宅の相談活動などを開始しています。
　通商産業省は1972年（昭和47年）「工場生産住宅等品質管理優良工場認定制度」を発足させ、建設省も1973年（昭和48年）「工業化住宅性能認定制度」を導入しました。
　その後、プレハブ住宅は、在来工法とは違う性能と品質を持ち多種多様に進化していきました。現在はプレハブ建築協会が「優良工業化住宅」の自主認定を行っています。

コラム　耐震偽装事件や建設関係者の手抜き工事

耐震偽装事件
・2005年、マンションの耐震強度の構造計算書を偽装する事件が発覚しました。
　ある建築設計事務所が、建物の構造計算用のソフトを意図的に改ざんして、当時の建築基準法で定められた耐震強度基準を下回る構造計算書を作成しました。国が指定した指定検査機関では、その改ざんを見抜けないまま建物が建築されました。
　耐震偽装の建物は、少なくとも20件はあり、すでに建築されている建物も多くありました。また、その後に、別の建築士による耐震偽装の事件も発覚しました。
　この事件は、市民の建築への不安を増大させ、大きな社会問題になりました。構造計算プログラム大臣認定制度や、指定計算制度、確認検査制度、建築士制度などの問題を見直すきっかけとなりました。

マンションの杭打ち偽装
・2016年には、建物の基礎工事の杭を、強固な地盤に届くように打っていなかったために、マンションが傾いた事件が起きました。住民が、おかしいと感じ通報したことで事件が明るみになったのです。杭を打ち込んだデータや杭を固定するセメント量のデータの改ざんや、検査が曖昧で責任が分散されていたことなどが原因でした。マンションは、建てかえることになりました。

3. 不動産売買の問題

〈宅地建物取引業法〉

> モデルハウスを見学に行き、気に入ったので申込金として10万円を払った。その後、急な転勤が決まったので解約したいが、申込金は戻してもらえるか。

・不動産（宅地や建物）を自ら販売したり、媒介（売買の依頼を受けて仲介をすること）をする宅地建物取引業者は、宅地建物取引業法に定められた規定を守ることが義務づけられています。

◇手付金の保全

・不動産の売買では、契約前に手付金・内金・中間金などを払うことが一般的です。宅地建物取引業者が売主の場合は、手付金等は、一定額以上の場合は物件（土地や建物）が買主に渡るまで、銀行などの第三者に保管する（保全措置）ことが義務づけられています。

・所有権の移転の登記手続きなど（履行の着手）までは、手付金を放棄することで契約を解除することができます。

・手付金を事業者が立替えて契約することは禁止されています。

◇申込金

申込金は、建物などの物件の購入意思を示す預かり金で、自己都合によるキャンセルであっても返還されます。事例のケースでは、10万円の返金がされます。

◇重要事項説明

・契約を結ぶ前に、宅地建物取引主任者により重要事項説明書を交付して、その内容を説明することが義務づけられています。重要事項とは、登記事項、私道の負担、手付金保全措置、契約金額、解除規定、建物の設備などです。

・契約書を結ぶ前に、重要事項説明を受け、内容を十分確認して、後日、契約にのぞむという慎重な行動が大切です。

◇クーリング・オフ規定

・自らが売主で自宅や喫茶店などで契約をした場合は、8日間のクーリング・オフが適用されます。物件の引渡しや代金を全額払った場合は、クーリング・オフはできません。

(マイホームを購入するときに気をつけること)

マイホームを購入するときは、以下のことを注意しましょう。

☐ 駅周辺の環境や、昼間と夜の状況、雨と晴天の状態など。
☐ 液状化しやすい地盤かどうか、土壌が汚染されていないかどうか。
☐ 市街化調整区域の指定になっていないか。
☐ 将来、道路の拡張指定がされていないかどうか。
☐ 私道の負担や、近隣の住宅建築予定など。
☐ 中古の場合は、現状の確認と過去の修繕履歴、事故の履歴など。
☐ 建築の専門家に第三者チェックを有料で依頼することもトラブルを防ぐことにつながります。

〈投資用マンションの契約トラブル〉

> 電話勧誘を受け喫茶店で、節税対策になり副収入で豊かな老後を過ごせるなどと勧誘されマンション契約をした。支払いができなくなった。

投資用マンションの契約トラブルでは、しつこい電話勧誘や、喫茶店などで長時間にわたる強引な勧誘、絶対もうかるなど、利益が強調された勧誘が行われています。「家賃を保証する」、「値上がりする」、「自己負担はない」という勧誘があっても、収入が保証されるものではありません。

・一度契約すると、次々に新たな契約を勧められるケースもあります。買う気がない場合は、きっぱりと断ることが大切です。
・喫茶店などで契約し代金を全額払っていない場合は、宅地建物取引業者が自ら売主であれば、クーリング・オフ（宅地建物取引業法）が適用されます。クーリング・オフが適用されない場合でも消費者契約法による取消しが可能な場合もあります。

> **ひと口メモ：エコ住宅、エコ助成金**
>
> 　エコ住宅とは、ソーラーシステム、太陽熱温水器、断熱材の使用、LED照明、節水型トイレ、エコキュートやエコジョーズなどの高効率給湯器など、省エネ設備を設置した住宅のことです。最近は、蓄電池や電気自動車の充電設備を備えたエコ住宅も現れています。
>
> 　エネルギーを効率よくして、環境にやさしい住宅の普及を促進する制度が、国や各地の地方自治体で行われています。補助金を受けることができる場合もあるので、住まいの地方公共団体に問い合わせてみましょう。

4. リフォームトラブル

〈さまざまなトラブル〉

> a　近所で工事をしている者と言って訪ねてきた事業者から、屋根の瓦がずれていると言われ屋根工事の契約をしたが解約したい。
> b　リフォーム業者の選び方がわからない。
> c　リフォームを近所の工務店に依頼、最初の見積もり後、追加工事25万円が必要と説明され承諾したが、工事終了後に追加費用50万円だと言われている。

・突然の訪問で、「点検無料」「点検」などの勧誘を受け、屋根工事や耐震補強などのリフォーム契約をするトラブルが跡を絶ちません。

　また、リフォームをするために自ら事業者を選んで契約をした場合でも、トラブルが起きています。いずれも、建物に対する知識の乏しさや日頃から信頼できる事業者とのつながりがないことから起きています。

◇日頃から心がけること
□建物は、日常の手入れと定期的なメンテナンスを行うことが大切です。
□日頃から建物に関する知識や情報を集めましょう。
□住まいの現状を点検し、長期的なリフォーム計画を立てましょう。
□長く住み続けるためには、耐久性やメンテナンスにも関心をもってチェックしましょう。

◇リフォームをするときに気をつけること

- 突然の訪問事業者とその日のうちに契約することは禁物です。
- 「工事一式」の見積りの契約を交わすことは避けましょう。
- 事業者の施工実績を調べましょう。
- 工事内容の詳細な見積書をもらい、複数の事業者を比較しましょう。
- 工事の進捗状況を書面で提示してもらいましょう。
- 工事の変更や追加などについては、工事内容変更合意書を取交わしましょう。
- 追加工事は、必ず書面でその内容を取交わすことが大切です。
- 「住まいるダイヤル」で事業者の選び方や見積もりチェックを受けることもできます。
- 「リフォネット」は、ネット上でリフォーム時の注意点や事業者選びの情報を提供しています。
- 高齢者の介護などで住宅リフォームをするときは、介護保険制度を利用すると、リフォーム費用の9割（18万円限度）の補助が受けられます。所得税や固定資産税減免の制度もあります。

〈トラブルを解決するには〉
- 訪問販売で、屋根工事や外壁工事などを勧められて契約をした場合は、原則、クーリング・オフが適用されます。クーリング・オフ期間が過ぎても販売方法などに問題がある場合は消費者契約法によって取消ができる場合もあります。（第2章を参照）
- 消費者が自らリフォーム業者を選んで契約し勧誘時の問題が起きた場合は、消費者契約法で取消ができる場合もあります。
- トラブルにあったら、消費生活センターやリフォネット（住宅紛争処理支援センター）に相談をしましょう。

ひと口メモ：リフォーム瑕疵保険とは

　リフォーム瑕疵保険は、リフォームで工事の欠陥が見つかったときに補修費用が事業者に支払われて、消費者は無償で修理してもらえる保険です。リフォーム工事のすべての部分（雨水などの主要な構造は5年、その他は1年）に適用します。登録事業者が倒産した場合でリフォーム工事の欠陥が見つかった場合は、保険金は消費者に支払われます。

> ☆こぼれ話　リフォーム詐欺事件で消費生活相談員が活躍
> 　2005年（平成17年）、高齢で認知症の姉妹が少なくとも16社、5000万円のリフォーム工事によって自宅がかけられそうになった事件が発覚しました。
> 　耐震補強器具、換気扇などの契約で、床下換気扇は30個も付けられていました。
> 　おかしいと思った隣人が地元の消費生活センターに連絡したためわかったのです。
> 　この事件以降、全国各地の消費生活センターには、連日200万円、500万円、4000万円など高額なリフォーム被害の相談が次々に寄せられるようになりました。消費生活相談員と職員で現地調査をしたら、壁のクロスは見えるところを一部張り替えただけなどほとんどリフォームされていないにもかかわらず、総額約3000万円の契約をさせられた老夫婦のケースもありました。被害者の多くが高齢者でした。事業者別、契約日順など被害額リストを作り、事業者に連絡し、交渉をした結果、返金されたケースも多数ありました。連日連夜の奮闘でした。(S)

5. 賃貸借契約

〈契約前のトラブル〉

> 入居申込金3万円を払ったが、入居しないことを伝えたら、申込金は返還できないと言われた。

- 仲介をする不動産会社を通して住まいを借りる賃貸契約は宅地建物取引業法という法律です。たとえば宅地建物取引士が契約をする前に、「重要事項説明書」（入居する物件の設備や利用制限など重要なこと）の説明を行うことが義務づけられています。「賃貸借契約書」の説明を受けた後でサインをした時点が契約の成立です。入居の申込みだけでは契約は成立していないので、申込金（法的には預り金）は返還されます。
- 契約書には「特約」という当事者間で決めた約束が記載されている場合があります。たとえば、「入居中の設備の修繕」「退去時のクリーニング代金」や途中解約規定などを借主負担と義務づけるケースが見られます。契約前に、特約の修正（削除）を求めることができます。しかし、契約者が定型の契約書に記載の特約を修正することは難しい実情があり、特約の内容を理解したうえで契約するかどうかの自己判断が必要になります。

〈入居中のトラブル〉

> アパートのガス給湯器が古くなり、管理会社に取替えを求めたが対応されない。着火時にガス臭い。

・入居中のアパートでおきる、電気、ガス、水道などの設備の不具合は、借主が通常の使用をしていた場合は物件を使用するために必要な修繕として貸主の負担になり、借主の不注意で起きた故障は借主の負担になるのが一般的な考え方です。

〈退去時のトラブル〉

> a　11ヶ月しか住んでいないのに、退去時にクロス張替えとハウスクリーニング費用として7万円を請求された。
> b　入居後すぐ転勤になりほとんど住んでいないのにハウスクリーニング代金を請求された。

・賃貸借契約でもっとも多いのが、退去時の敷金清算です。トラブルが多い状況を受けて、国土交通省は「原状回復をめぐるトラブルとガイドライン」（以下、ガイドライン）を作成し、貸主負担と借主負担の考え方を整理し、現在は、このガイドラインがトラブル解決の目安となっています。

・2017年の民法改正により、通常損耗や時間の経過によって起こる劣化は、借主の原状回復義務から外し、原則、賃料不払いなどの債務を控除した残額を返還することになりました。

第7章－1　住まい　住宅の耐震、売買、リフォーム、賃貸の契約編

ガイドラインの考え方

主に賃貸人の負担と考えられるもの

- フローリングのワックスがけ
- 床やカーペットのへこみ、設置の跡
- フローリングの色落ち（建物欠陥による雨漏りや日照による日焼けなど）
- テレビや冷蔵庫などの壁面の黒ずみ（電気やけ）
- エアコンを設置した壁のビス穴や跡
- クロスの変色（日照などによる自然現象）
- 網戸の張替え
- 地震など自然災害で破損したガラス、網入りガラスの自然発生による破損による亀裂など
- 専門家による部屋全体のハウスクリーニング
- トイレや台所の消毒
- エアコンの内部の洗浄
- 鍵の取替え
- 設備の寿命による故障や使用不能など

（参考文献）
国民生活「原状回復費用とガイドラインの考え方」
村川隆生　2016年2月

主に賃借人の負担と考えられるもの

- カーペットのシミやカビ（手入れを怠った場合）
- 冷蔵庫の下のサビ跡（サビなどを放置したなど）
- 引越作業等で生じたひっかきキズ
- 賃借人の不注意によるフローリングの色落ち
- 清掃を怠ったための台所の油汚れ
- 結露を放置したためのカビやシミ
- クーラーからの水漏れ放置で起きた壁の腐食
- タバコ等のヤニ、臭い（クロス変色や臭いの付着）
- 壁等のくぎ穴、ネジ穴（下地ボードの張り替えを必要な程度のもの）
- 落書きや故意による毀損
- ペットによるキズや臭い
- ガスコンロ置き場、換気扇の油汚れやスス
- 風呂、トイレ、洗面台の水垢、カビ等
- 鍵の紛失や破損など

ひと口メモ：シェアハウスのトラブル

　キッチンやリビング、風呂、トイレなどが共用で、寝室が個室の賃貸契約をシェアハウスと呼んでいます。契約期間は、期間限定の定期借家契約が多くなっています。なかにはサブリース契約（仲介業者を介さず自ら賃貸人）もあり、宅地建物取引業法の重要事項の説明義務がない物件もあります。

　家賃などの費用を抑えられる、他の入居者と仲良く暮らせるなどの魅力がありますが、大家から「更新を拒否された」「入居時に払った保証金が返されない」「入居者と性格が合わないので退去したいが、契約期間の残りの家賃を請求された」など、深刻なトラブルもあります。

第7章-2 住まい
高齢者の施設、住宅編

　2015年の全世帯数約5,036万世帯のうち、ひとり暮らしの高齢者（65歳以上）は約624万世帯です。高齢者夫婦のみの世帯は747万世帯で、あわせて約1,371万世帯が高齢者だけの世帯となっており、これは、全世帯数の約27％を占めています。（平成29年版『高齢社会白書』内閣府）

　高齢社会の到来により、自宅での自立した生活が困難な高齢者が増え、公的な施設だけでは対応が困難になり、2000年に介護保険法が施行されて以降、民間企業が有料老人ホームをはじめとする高齢者施設や住宅を提供することが増えてきました。それとともに施設（住宅）の選び方がわからないとか、入居前、入居中、退去時などでトラブルも起きるようになりました。

　いったん入居すると、他の施設に移ることは容易でなく、高齢者の住まいは大きな消費者問題になっています。

　一方、高齢人口が増え続ける中、高齢者が住み慣れた自宅で生活しながら介護支援を受けられる方法も増えてきました。

1. 高齢者の施設・住宅

〈さまざまな施設・住まい〉
◇介護保険3施設
・介護保険法で指定されている老人介護福祉施設です。
・設置主体は、地方公共団体や社会福祉法人、医療法人です。

特別養護老人ホーム（老人福祉法） 介護サービスを行う事業所数は、7,705施設	・家庭での生活が困難な高齢者（要介護3以上）を入所させ、生活支援と介護サービスなどを提供する施設です。 ・費用を安く抑えられる反面、入所待ちが多く、入所後も長期入院などの場合は、退去しなければならない場合もあります。
老人保健施設（老人福祉法） 4,241施設	・病状が安定して入院治療が必要なくなった要介護者（要介護1以上）が入所でき、自宅復帰を目指して、リハビリなど必要な医療ケアや介護サービスなどの提供を受けられる施設です。原則、入所期間が決められています。

介護療養型医療施設 （医療法） 1,324 施設	・老人保健施設より重い医療が必要な要介護高齢者の長期療養施設です。療養が目的のためプライベートな時間やレクレーションなどが制限されています。2023年度末で廃止予定、2018年度より介護医療院が創設され順次移行することが検討されています。

＊施設（住宅）数は、2016年10月1日現在　厚生労働省 介護サービス施設・事業所調査

◇その他の主に公的な施設（住宅）

軽費老人ホーム （老人福祉法） 2,280 施設	家庭環境、住宅事情などにより自炊できないなど、自宅での生活に不安がある60歳以上の方に低額で提供される住まいです。A型、B型、ケアハウス、都市型軽費などの種類があります。設置主体は地方公共団体や社会福祉団体で知事の認可を受けた法人です。
養護老人ホーム （老人福祉法） 954 施設	原則65歳以上で、経済面・環境面から在宅での生活が困難で、行政や他人の助けが必要な人を入所させ、食事の提供などの日常生活に必要なサービスを提供する施設です。専門の介護が必要になった場合は退去しなければいけないこともあります。入所対象者は市区町村が入所判定委員会を開き主治医の意見書などを踏まえて決定されます。

＊施設（住宅）数は、厚生労働省 2016年10月1日現在　社会福祉施設等調査

◇主に民間が経営する介護付き住宅

有料老人ホーム （老人福祉法） 12,570 ホーム	・介護付き有料老人ホームは、入居者3名に対して介護者1名の体制で、介護の他に、食事、洗濯や掃除などの生活サポート、健康管理などが一体となった共同生活が重視された住まいです。 ・契約内容は、ホームごとに違い、月々の利用料は手頃な金額から高額な金額まで多種多様です。 ・この他、元気なうちに入居する健康型や住宅型の有料老人ホームもあります。
サービス付き高齢者向け住宅 （高齢者住まい法） 4,839 住宅	・原則として、台所やお風呂などがついた25m^{2}以上の居室で、プライバシーが守られた生活をしつつ安全で安心して暮らすためのバリアフリー住宅です。日中は、職員が常駐し、安否確認、生活相談サービスが法律で義務づけられています。 ・住まいは賃貸借契約、介護サービスの契約など結ぶ必要があるため、契約時に複数の契約を結び、それぞれの費用が発生します。

認知症高齢者グループホーム（老人福祉法）13,069施設	・認知症高齢者を対象に、入浴や食事などの介護サービス、日常生活の世話、機能訓練が行われます。家事の分担制などで認知症の改善や進行の緩和を目指す施設です。5～9人以内で1グループの共同生活の住宅です。医療や重い介護が必要になると退去になる場合もあります。

＊施設（住宅）数は、厚生労働省2016年10月1日現在　社会福祉施設等調査、介護サービス施設・事業所調査

> **ひと口メモ：高齢者の施設（住宅）にかかわる法律**
> 　老人福祉法は、老人の心身の健康や生活を安定するための措置を行い老人の福祉を図ることを目的として1963年に制定された法律です。特別養護老人ホーム、養護老人ホーム、軽費老人ホーム、有料老人ホーム、認知症高齢者グループホーム（5条の2）等に関する定義や運営基準、指導監督などが定められています。
> 　介護保険法は、高齢者の介護を社会全体で支えるために生まれた介護保険制度を定めた法律です。施設入所サービスとして介護保険3施設が規定されています。
> 　高齢者住まい法は、医療や介護、住宅を連携させて高齢者が安心して生活できる住まいの供給を促進させることを目的として2001年に制定されました。2011年に改正され、サービス付き高齢者住宅を運営する場合は税制措置や融資などの制度が設けられています。

2. 施設や住宅を選ぶときの注意

〈高齢者の施設（住宅）を探す〉

> 母に認知症の症状が現れてきたので、施設入居を考えているが、施設の選び方や、どこに相談したらいいかわからない。

- 施設（住宅）を探す方法は、都道府県や市区町村のHPや、全国有料老人ホーム協会、サービス付き高齢者専用住宅協会HPなどから情報を集めることができます。直接、地方公共団体の窓口で、どのような施設があるか相談することもできます。
- 地域包括支援センターは、特に高齢者の総合的な相談受付を行っています。施設の探し方や入所の手続きなどの相談に対応しています。
- 高齢者の施設（住まい）のなかには、都道府県が認証した第三者評価機関から評価を受けた施設（住宅）もあります。法令や規定の遵守、職員の研修、生活

サービス、食事サービスなどの介護保険サービスについて、任意の制度ですが、地方公共団体や全国有料老人ホーム協会のHPで公表結果を確認することができます。

※第三者評価とは：都道府県が認証した公正で中立な評価機関が、保育所や障害者支援施設、特別養護老人ホーム、老人保健施設などの事業者のサービスの質を、事業者を訪問調査したり利用者の声を聞いて評価を行うことです。

> **ひと口メモ：地域包括支援センターって何をするところ？**
> 地域包括支援センターは、地域住民（特に高齢者）が安定した生活を送るために必要な援助を行うところです。地域の中学校区域に1箇所程度、設置され、責任主体は市町村です。（多くは委託事業者で実施）
> 保健師、社会福祉士、主任介護支援専門員（主任ケアマネジャー）などを配置し、介護を予防する事業や、高齢者や家族からのさまざまな相談を受けています。要介護認定の申請手続き（注）や、介護計画を作り自宅で暮らすことができるような支援や施設への入所手続きなど、包括的な支援も行っています。
> （注）介護保険の要介護認定を受けると、介護サービスを原則1割負担で利用することができます。市町村の窓口に認定申請を行うことになっていますが、地元の地域包括支援センターに相談する方法が一般的です。

〈民間の施設に入居契約をするときは〉

> 特に民間が経営する高齢者住宅に入居したいと思っているが、契約をするときに注意することを知りたい。

◇**重要事項説明書や契約書の確認**

・施設（住宅）は老人福祉法などの法律にもとづいて重要事項説明書と契約書を交付することが義務づけられています。入居にあたっては、事前に重要事項説明書を受取り、以下の規定を確認することが重要です。
  □ 入居前キャンセル時の入居申込金の返還規定
  □ 入居金の保全措置、保全方法
  □ 退去時の入居一時金の精算の算定方法や部屋の原状回復規定
  □ 毎月の必要経費とその内訳、日用品などの別途必要な費用
  □ 入居後に退去をしなければならないことが起きた場合の規定
  □ サービス提供の内容、職員や看護師などの配置、病気になった時の病院との

連携、死亡退去時の対応
　　□緊急時の対応や苦情の受付体制・処理の仕組みなど
・有料老人ホームは老人福祉法により都道府県等に届出制、サービス付き高齢者向け住宅は高齢者住まい法により都道府県等に登録制となっています。認知症高齢者グループホームが介護サービスを提供する地域密着型が多く、市区町村から指導を受けます。いずれも都道府県の指導監督や処分などの規制を受けます。

◇**契約前に、施設（住宅）を見学**
・入居する建物の立地環境や部屋を確認したり、入居者の様子、職員の対応、食事の内容、プライバシーが守られているかなど、体験入居をして初めて確認できることもたくさんあります。

◇**経済的な計画を立てる**
・入居後に、介護状態が悪化し追加費用が発生することも考えられます。さまざまな事情から施設（住宅）を退去する必要がある場合もあります。将来起こる可能性を想定して、経済的な計画を立てることも必要です。

◇**契約時に受け取ったパンフレットなどは大切に保管しよう！**
　いったん入居すると、思わぬことでトラブルになることもあります。その時は、重要事項説明書や契約書によって解決を図ることになります。

コラム　有料老人ホーム問題に取組む

　戦後、高齢者の住まいは福祉のなかで考えられ公的な特別養護老人ホームが主流でした。1970年代半ば経済成長を背景に民間企業が参入し、自立自助の住まいとして有料老人ホームが作られるようになり、民活のかけ声のもと、増えていきました。

　1990年代になると、有料老人ホームを紹介する広告は間取りや眺望が中心でマンションの広告かと見間違うほどでした。また、"終（つい）の住みか"と言いながら、介護が必要になると施設の外に出されることも多くありました。入居一時金は数千万円にものぼる高い買物でした。

　消費者団体などが問題として取上げました。公正取引委員会は広告や表示と実態に違いがないか調査をはじめ、消費者団体も体験入居、ヒアリング調査と協力しました。高い入居金は入居後、どれだけかかるかわからない介護費用に備えるためでした。2000年、介護保険制度導入によって入居一時金は一気に下がりました。

　2004年、公正取引委員会は、夜間の職員の配置などを含め「有料老人ホームに関する不当な表示」を告示しました。厚生労働省も入居金の保全措置、初期解約のルールなどを導入。また、地方公共団体などは第三者評価の仕組みを導入していきました。

　介護保険の導入後、有料老人ホームの数は、2000年の349施設から大幅に増加しています。しかし、所管する地方公共団体への未届けの有料老人ホームが数多く存在し、2016年、総務省の行政監察局は厚生労働省に対し未届け施設の把握、届出の促進を求める勧告を出しました。

　高齢社会に向けて高齢者サービス付き住宅など多種多様な住まいが登場しています。不満や苦情は埋もれがちです。これからも注意深く見ていく必要があります。

3. トラブルの解決方法

　入居中、退去時のトラブルは公的な施設、民間施設に関わらず起きています。

〈入居中のトラブル〉

a　毎月の利用料が急に値上がりした。洗濯代を別途請求された。
b　入居者ともめているが、職員が仲介をしてくれない。
c　食事が自分の好みと合わない。毎日のことなのでつらい。
d　親が施設のベッドから落ち、数日後に入院となった。施設の対応に問題があったのではないか。
e　母が誤嚥性肺炎になり、病院に救急搬送したら施設から退所してもらうこともあると言われた。

・施設（住宅）で起きるさまざまなトラブルは、施設（住宅）側が設けている相談窓口に伝えて改善を要望したり、話し合って解決することが望ましいことで

すが解決できない場合もあります。そのようなときは介護保険法にもとづいて区市町村には苦情相談窓口が設置されているので介護保険サービスに関する相談は、相談しましょう。
- また、各都道府県には、国民健康保険団体連合会が設置されており、苦情相談窓口を設けて、介護保険サービスに関する相談を受付けています。電話で苦情相談を受けたのち、書面で苦情申立てが行なわれた案件は、面談、介護事業者への調査などの手続きを経て、指導助言が行われます。苦情申立てから結果までの流れは各国民健康保険団体連合会のHPで確認することができます。
- 施設（住宅）で起きるトラブルの相談機関は重要事項説明書や契約書に記載されています。
- 介護サービス以外の問題で、問題を解決するための法制度や相談機関等を知りたいときは、法テラス（日本司法支援センター）に総合相談窓口があるので相談しましょう。

〈退去時のトラブル〉

| a 入所3カ月で退所したが、前払いした入所料が返金されない。
| b 8年で退去、クロス張替えなど原状回復費用を請求された。

- 有料老人ホーム、サービス付き高齢者向け住宅は、利用料金などを前払いし、契約締結後90日以内に解約した場合は、前払い金（入居一時金など）から利用した期間分の部屋の料金と原状回復費用を除いた残金を返還する制度（90日ルール）が法律で定められています。
- 有料老人ホームの契約の中には、初期償却（入居一時金のうち返還されない一定割合）が高額に設定されたケースもみられます。
- 部屋の原状回復費用の精算方法は、原状回復ガイドラインによって行われます。
- 事例のケースの他にも、退去時に看取り費用などでトラブルになることもあります。
- 契約書に記載された内容などを確認して施設側に説明を求め、法テラスや消費生活センターなどに相談しましょう。

第7章-2 住まい 高齢者の施設、住宅編

ひと口メモ：有料老人ホーム等の短期解約特例制度（いわゆる90日ルール）

　有料老人ホームなどと契約し、入居しても比較的短期間で中途解約に至ることも少なくありません。また、要介護度の状態が急速に変化し、契約を解除せざるを得ないこともあります。

　2006年、厚生労働省は「有料老人ホーム設置運営指針」に、契約締結日から概ね90日以内であれば契約金額のうちすでに施設側が受取っていた全額を利用者に返還することを盛り込みました（短期解約特例制度）。しかし、その後もトラブルは減らず、増加しました。

　2010年、内閣府消費者委員会では4都県1,196施設の実態調査のうえ、契約書に指針の趣旨が明確にされていないとし、厚生労働省に制度の法制化を求めました。

　現在、老人福祉法に法制化されています。

ひと口メモ：身元保証サポート事業

　身元保証人がいない一人暮らしの高齢者が増えてきます。

　アパートや施設などに入所するときの身元保証、日常生活支援サービス、死後の事務サービスなどを行う民間事業が現れています。

　高齢者は、体調や判断力の低下、死亡等により、サービス内容の履行を確認できない契約もあり、消費生活センターにも相談が寄せられています。このため、内閣府消費者委員会は、2017年1月に、①契約内容の明確化、②預託金の保全措置、③第三者機関による履行確認の仕組みの構築、④苦情の対応や活用の仕組みの構築などを、厚生労働省、国土交通省に建議しました。

　厚生労働省は、今後、実態調査を踏まえて必要な措置を検討する方針です。国土交通省は、高齢者の賃貸住宅入居の家賃債務保証制度について、事業者の登録制の導入や情報提供などを行う方針です。

> **ひと口メモ：地域包括ケアシステムの整備：24時間対応の定期巡回、随時対応サービス**
>
> 　平均寿命が世界最高水準になり、長い高齢期を自立して生きることが重要になっています。また、60才以上の約7割は、介護が必要になっても自宅で生活することを希望しています。（『平成29年版 高齢社会白書』）
>
> 　いま、国や地方公共団体、さまざまな機関が、高齢者が住み慣れた地域で生活を送ることができる地域包括ケアシステムの整備や、認知症の高齢者への対応など多様な高齢者のニーズに応じた施設や住まいの整備などを提唱しています。
>
> 　そのなかのひとつに、住み慣れた家で可能な限り暮らすことができる仕組みとして、365日24時間サービスを提供できる、地域での見守りの拠点作りがあります。たとえば、介護が必要な一人暮らしの高齢者宅を1日数回定期巡回し、トイレや洗面などの介助を行い、週に1回ナースが訪問して体調管理を行うという定期巡回と、高齢者からの緊急時の呼び出しにも24時間対応し、また、介護と看護の連携が密接に行われるという仕組みです。定期巡回、随時対応する事業所は、徐々に増え2017年12月末現在953箇所となっています。

〔参考文献〕

- 国民生活「高齢者向け住まいの種類と特徴」矢田尚子　2015年10月
- 国民生活「契約書の見方―入居契約書（1）–（9）」矢田尚子　2016年3月から12月
- 国民生活「高齢者向け住まいをめぐる新たな動きと契約上の注意点」矢田尚子　2017年1月

第8章　製品の安全確保、製品事故から身を守るには

　毎日、思わぬことで製品による事故が起きています。なかには、死亡事故や家屋が焼失するなどの痛ましい事故もあります。

　事故の原因はさまざまです。事業者側には、設計や製造工程のミスや消費者や販売店等からの不具合情報を生かしきれず、事故を再発させている場合などがあります。一方、消費者には、正しい使い方をしていたのか、保守・点検はどうしていたのかなどの問題があります。

　どうすれば、安全な製品を市場に出し、消費者に正しく使ってもらえるか。また消費者からの不具合情報を生かして再発事故を防ぐことができるのか、さまざまな取組みがあります。

　2009年の消費者庁の設立に伴い、消費者安全法が制定され、重大な事故情報は原則すべて消費者庁に集めることになりました。それまでは、事故の原因究明や被害の未然防止策は、関係する省庁が事故ごとに独自に行っていました。たとえば、「こんにゃく入りゼリー」による窒息事故は、形状の問題なら経済産業省が管轄するのか？　食品の問題としては厚生労働省が管轄するのか？　このように一つの問題が各省庁にまたがり、すきまに落ちるような事故も消費者庁が対応できるようになりました。

1. 身のまわりのさまざまな事故

〈子どもに多い事故〉

> a　2歳過ぎの子どもが家庭用シュレッダーで指を9本折損した。
> b　子どもが首にかける新製品の浴槽用の浮輪が首からはずれて、親が見ていない間に溺死した。
> c　フラワーアレンジメントなどに使う吸水性樹脂ボールを誤飲し、嚥下途中（喉をとおるとき）にふくらんで窒息した。

・aの事例は、用紙などをカットするシュレッダーは事務所などで使われていましたが、パソコンの普及にともない家庭用シュレッダーも登場してきました。

幼児の指がシュレッダーの歯の部分に入ってしまう危険性がわからなかったために起きた事故でした。
・bの事例は、乳幼児用の浴槽用の浮輪は、親がシャンプーするときなど子どもの手を放すことができ便利だとして人気でした。しかし、その間に子どもの首が浮輪からはずれて溺れる事故が多発しました。
・cの事例の吸水性樹脂ボールは、米粒ほどの大きさのものが水を吸うと小さなボール状にふくらみます。うっかり、子どもが口に入れたらふくらみ窒息します。
・14歳以下の子どものうち年間300人（経済産業省の統計）が製品やプールなどの施設による不慮の事故で亡くなっています。ボタン電池の誤飲、着衣のひもが首に絡んで窒息死したり、歯磨きをしているときに転倒し、歯ブラシが、喉から頭に抜けて脳挫傷をした事故などがあります。
・子どもを事故から守るためには、保護者が情報や知識を得る努力も必要です。

> **ひと口メモ：子どもを事故から守るために**
> 消費者庁が、子どもを事故から守る「事故防止ハンドブック」を作成しており、HPから閲覧できます。子どもの生活の場面ごとに事故例を紹介していてわかりやすいものになっています。
> 母子健康手帳では、事故予防のために「月齢・年齢別で見る起こりやすい事故」を掲載して、若い世帯に情報提供をしています。

〈高齢者に多い事故〉

a	寝ている間に介護用ベッドの手すりと寝具とのすきまに首がはさまって窒息死した。
b	薬剤のPTP包装（薬が入ったカプセルやシート状の包装）を誤飲し、内臓を傷つけた。
c	ガスコンロで調理中に着衣に着火し、大やけどを負った。

・aの事例は、介護用ベッドの手すりに首がはさまり窒息した事故は多く寄せられていました。JIS規格を改正し、新しい製品が作られ対応しています。
・bやcの事例は、うっかりということもありますが、目が見えにくくなったなど、加齢のために起きる事故と言えます。

・高齢者が巻き込まれる事故は判断能力の低下や、身体が不自由になることに起因するものも多くあります。

〈エステティック・美容医療、アレルギーによる発症〉

> a　レーザーによる永久脱毛の施術を受けたが、火傷した。
> b　まつ毛エクステンションを受けたら、翌日目がかゆくなり、3日後には目が腫れてあかなくなった。

・美容医療のトラブルはここ数年、年間2,000件を超える相談が消費生活センター等に寄せられています。販売方法や広告、契約トラブルも多くあります。
・エステティックとは、手技又は化粧品・機器等を用いて、人の皮膚を美化し、体形を整えるなどの指導や施術を言います。顔のパックやマッサージ、トリートメント、痩身など体型の補正、脱毛などがあります。
・美容医療には、レーザー脱毛、アートメイク、二重まぶた、脂肪吸引、豊胸、包茎手術など、さまざまな医療行為があります。
・aは、毛根に針をさして破壊する脱毛で、医療行為です。皮膚の内部を破壊するため火傷や痛みなどのトラブルが多く起きています。エステによるクリームなどの脱毛でもトラブルが起きています。
・美容外科でアクアミドの注射を受けた直後から腫れが生じ視力障害もある、頬のリフトアップ施術を受けたが顔全体が内出血を起こし腫れがひかない。
・全身の脂肪溶解注射を受けたが痛みがひどく、しこりもとれないといったトラブルや、脂肪吸引による死亡事故も起きています。
・bの事例のまつ毛エクステンションには接着剤などを使いますが、成分や体質によってかぶれなどの症状を引き起こしています。
・東京都は、つけ爪やまつ毛エクステンションに使用する接着剤に、ホルムアルデヒドの溶出及び放出が確認されたという商品テスト結果を公表しました。（2017年）
・ネットの広告を見て安易に施術の契約をする人も多くいます。契約の内容を確認し、レーザー脱毛の場合は施術者や施術内容、リスクを確認することが大切です。

> **ひと口メモ：旧茶のしずく石鹸、美白薬用化粧品**
> 　2005年から販売された旧茶のしずく石鹸により小麦アレルギーを発症した事例が多数寄せられました。そのなかには、呼吸困難、意識不明などの深刻な症状を引起こす人もいました。被害者は2100人以上と言われています。
> 　美白効果をもつカネボウの薬用化粧品を使ったことで、肌に白斑（白い斑点がまだら模様に現れた）が生じるといった事故も起こりました。原因は、含まれていた医薬部外品ロドネールによるものでした。1万9千人以上が発症しました。
> 　いずれのケースも原因となった物質は「医薬部外品」の指定成分でした。症状が回復していない被害者が多くいます。

〈リコールをしたにもかかわらず、回収されなかった製品による事故〉

・製品に不具合があり事故を引き起こす恐れがある場合、製造業者等はリコール（製品の自主回収）を行います。しかし、その情報が消費者に届いていないために回収がされなかった製品による事故が、数多く起こっています。経済産業省によると、年間100件近く起こっていると報告しています。
・ナショナルFF式石油暖房機（1985年〜1992年製造）は、一酸化炭素（無臭）を含む排気ガスが室内にもれ出し、死亡事故に至るおそれがあるとして、2005年からリコールを開始し、いまでも回収を続けています。
・消費者庁には、リコール情報のポータルサイトがあります。おかしいなと思ったら自分でもチェックすることが大切です。再発事故は自分で情報を得て、チェックをすることで防ぐことができます。

〈ネット販売の製品による事故〉

> a　ネットで安く売っているチャイルドシートを見つけた。強度など安全性は大丈夫か。
> b　ネットで、中国製の自転車を安く購入した。しかし、走行中にフレームが折れ転倒。8本の歯を折った。場所によってはさらに大きな交通事故になったと思うと怖い。

・国内で製造、販売されているチャイルドシートは、国が認めた安全基準をクリアしたもので認証マークが付いていますが、海外のサイトから安く購入したもののなかには、安全性が確認されていないものがあります。

- 2017年、国土交通省がネットで購入した未認証のチャイルドシートの強度などの実験をしたところ、複数の製品に強度や構造など安全性に問題があったとしています。
- ネットで購入した自転車による事故は、国民生活センターの報告では、2013年には年間251件が寄せられています。「前輪脱落で頸椎を損傷、首から下がほぼ麻痺」「溶接不良でフレーム折れ負傷」などの事例が寄せられています。
- ネット通販で購入した自転車は、自転車屋などの整備を受けずに、メンテナンスも十分に行われていません。こういったことが事故につながっています。
- ネットで製品を購入するときは、安全性の確認や、どのような事業者（製造・販売）なのか調べるなど、注意をすることが大切です。

　最近では、自動走行の車の安全性について国民生活センターが200人の使用者にアンケート調査をしたところ、約2割の人が想定外のできごとを経験していることがわかりました。

　新しい製品の安全にも目配りすることが大切です。

2. 製品の安全を確保する取組み

〈消費者安全法を制定、事故情報を一元的に集める〉

- 2009年、消費者安全法が制定されました。
  法律では、行政機関の長、都道府県の長等は、重大事故等が発生した情報を得たときは、直ちに内閣総理大臣（消費者庁）に通知しなければならないと定められています。
- さらに、消費者庁は、国民生活センターと連携し、関係機関の協力を得て、事故情報・危害情報を収集する事故情報データバンクの仕組みを設けました。
- 消費者は事故にあったり、ヒヤリとした体験をしたときは消費生活センターに申し出や相談をしましょう。事故情報は消費生活センターなどをとおして消費者庁に集められ分析されます。

図1 消費者庁における生命・身体に関する事故情報の一元的収集

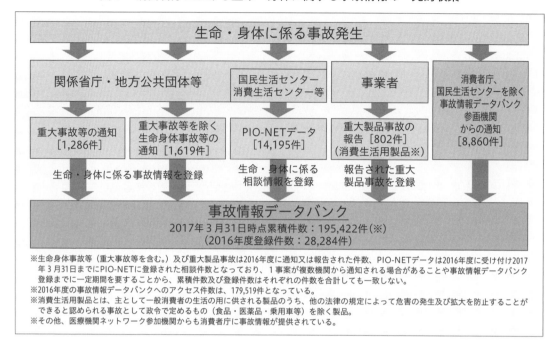

（出典；『平成29年版 消費者白書』）

- 重大な製品事故（死亡や30日以上の治療を要する事故）を一元的に消費者庁に集める。
- 規制する省庁がなく、すき間に落ちる事故について消費者庁が対応できる。

〈消費者の手で事故を調べたい！消費者安全調査委員会の設置〉

- 消費者の視点で事故を調べる必要があるという考えから、2012年10月、消費者庁のもとに消費者安全調査委員会が設置されました。委員会は7名の非常勤の委員で構成され、下部に専門家による調査チームが設けられています。
- 委員会は、自ら調査（委員会に寄せられた生命・身体の被害に関する情報をもとに委員会が自ら調査）と、再評価（他の行政機関が調査したものの再評価）を行います。
- 調査や再評価の結果をもとに、被害の発生や拡大を防止するために、内閣総理大臣や関係行政機関の長に、勧告や意見を述べることができるとされています。
- 消費者が直接、消費者安全調査委員会に調査を申出ることもできます。

第8章　製品の安全確保、製品事故から身を守るには

表1　消費者安全調査委員会で取り上げた事案

	案件	経過
調査を終了した事案	ガス湯沸器事故（東京都内）[1]	2014年1月評価書公表とともに経済産業省に意見
	幼稚園で発生したプール事故（神奈川県内）	2014年6月報告書公表とともに内閣府、文部科学省及び厚生労働省に意見
	機械式立体駐車場事故	2014年7月報告書公表とともに消費者庁及び国土交通省に意見 2015年1月解説書公表
	家庭用ヒートポンプ給湯機の事案	2014年12月報告書公表とともに消費者庁、公害等調整委員会、経済産業省及び環境省に意見
	エスカレーター事故（東京都内）[2]	2015年6月報告書公表とともに消費者庁及び国土交通省に意見
	毛染めによる皮膚障害	2015年10月報告書公表とともに消費者庁及び厚生労働省に意見
	子供による医薬品誤飲事故	2014年12月経過報告公表とともに消費者庁及び厚生労働省に意見 2015年12月報告書公表とともに消費者庁及び厚生労働省に意見
	ハンドル形電動車椅子を使用中の事故	2016年7月報告書公表とともに消費者庁、厚生労働省、経済産業省及び国土交通省に意見
	2006年6月3日に東京都内で発生したエレベーター事故[3]	2016年8月報告書公表とともに国土交通省に意見
調査中の事案	体育館の床板の剥離による負傷事故	2015年9月テーマ選定[4] 2016年9月経過報告公表
	家庭用コージェネレーションシステムの事案	2015年11月テーマ選定 2016年11月経過報告公表
	住宅用太陽光発電システムから発生した火災等事故	2016年10月テーマ選定
	玩具による子供の気道閉塞事故	2016年11月テーマ選定

1) 2005年11月、東京都港区の共同住宅で、当時大学生の男性が、ガス瞬間湯沸器から発生した一酸化炭素による中毒で死亡した事故。
2) 2009年4月、東京都港区の商業施設で、下りエスカレーターの手すりから男性会社員が階下に転落して死亡した事故。
3) 2006年6月、東京都港区の共同住宅で、当時高校生の男子生徒が、エレベーターから降りようとしたところ、扉が開いたままの状態でエレベーターが上昇し、乗降口の上枠とかごの床部分の間に挟まれて死亡した事故。
4) 事案を絞らず当該事案をテーマとして広く調査する手法。

（出典；『平成29年版　消費者白書』）

・2017年11月、玩具による乳幼児の気道閉そく事故について、消費者庁長官に事例の周知徹底を求めています。

> ## コラム　消費者庁設置のきっかけとなった製品事故
>
> 次のような製品事故が、2009年（平成21年）9月の消費者庁設置に結びつきました。
>
> **こんにゃく入りゼリーによる窒息事故**
> 　1995年（平成7年）、新製品のミニカップタイプのこんにゃく入りゼリーで幼児、高齢者が窒息死する事故が相次ぎました。口の中で簡単に噛み砕けないことや、口で吸いこむタイプのため、のどに詰まりやすかったのです。
> 　国民生活センターは消費者に注意喚起するとともに事業者に対応を求めました。事業者は形状を大きくし、警告表示を付けることで対応しました。しかし、2000年代に入ると、またもや死亡事故が起きました。
>
> **シンドラー社製エレベーター事故**
> 　2006年（平成18年）6月、男子高校生が、エレベーターに乗りかかっているときに、扉が開いたまま上昇し、エレベーターと外枠に挟まれて死亡しました。遺族は保守点検のあり方を含め事故の原因と再発防止策を講じてほしいと警察や国土交通省に訴え続けました。
> 　その後も、同様の痛ましい事故が起きています。
>
> **パロマガス湯沸かし器一酸化炭素中毒死事故**
> 　2005年（平成17年）11月、事業者が、ガス瞬間湯沸かし器の安全装置を不正に改造したために、一酸化炭素中毒事故が起き、若い男性が死亡しました。調査の結果、1985年（昭和60年）から同様の事故が28件起きていたこと（21人死亡）が判明しました。
> 　そうした改造が可能になる設計になっていることが問題とされました。一つの事故が起きたときに、丁寧に事故情報を解析していれば、その後の事故は防げた可能性があります。

3. 製造物責任法

〈製造物責任法とは〉

- 1994年、製造物責任法が制定されました。たとえば、見ていたテレビから発火して家が焼損した場合、この法律にもとづいてテレビを作ったメーカー等にその製品の「欠陥」を証明すれば、損害賠償請求ができるようになりました。
- 法律が制定されるまでは、民法にもとづいてメーカー等の「故意、過失」（わざと、うっかり）を証明しなければなりませんでした。わざとやうっかり事故になった製品を作ったことを証明することは困難をともないました。
- 製造物責任法の「欠陥」の証明は、大きく以下の3つに分けられます。

① 設計上の欠陥　② 製造上の欠陥　③ 指示・警告上の欠陥

〈法律の制定により事故を未然に防ぐ効果〉
　製造物責任法の制定には、事業者が安全な製品をつくり、事故を未然に防ぐ狙いもあります。
・事業者等は取扱説明書の警告表示を前のページに大きく記載するようになりました。
・裁判外での紛争解決の仕組みとして（公）自動車製造物責任センターや家電製品PLセンターなどが設立されました。

◇製造物責任法にもとづく訴訟
・テレビや冷凍庫の発火事故は、通常の使用（ふだんどおり）をしていれば現場の焼損状況から「欠陥」が推定されています。
・カプセルトイの誤飲による脳障害事故では「欠陥」は認められたものの、保護者にも責任があるとして過失相殺となりました。
・これまでの訴訟の判例、和解した事案は、消費者庁で収集、HPで公開しています。

☆こぼれ話　消費者のための製造物責任法を求める連絡会を結成
　法律制定に向けて消費者団体、消費生活相談員、弁護士たちが集まり「消費者のための製造物責任法を求める連絡会」を結成しました。「欠陥商品110番」活動を実施しました。そのとき国会で法律を通すには、300万人を超える署名が必要という話もあったため、昼夜なく走り回り350万人を超える署名を集めました。
　地方公共団体の議会では300余りの早期制定に関する意見書が採択されました。（I）

4. 製品の事故情報を知ろう

〈事故情報を掲載しているHP〉
・製品や施設、サービスで事故が起きたら、近くの消費生活センターに情報を提供し、相談することが大切です。消費生活センターに寄せられた情報は、消費者庁に一元的に集められています。

- 相談内容によっては、国民生活センター等で商品テストを実施し、原因を究明することもあります。
- 事故を防ぐには、以下のHPなどをこまめにチェックしましょう。
    - □消費者庁（子どもの事故情報やリコール情報、重大事故情報など）
    - □国民生活センター
    - □NITE（製品評価技術基盤機構）
    - □東京都消費生活センターなど地方公共団体
    - □新聞、雑誌、チラシなど紙媒体での情報提供

〔参考文献〕
- 『消費者の権利確立をめざして―PL法制定運動の記録―』（消費者のための製造物責任法の制定を求める連絡会　1997年）
- 『実践PL法』（日本弁護士連合会消費者問題対策委員会編　有斐閣　2015年改訂）
- 『逐条講義　製造物責任法　基本的考え方と裁判例』（土庫澄子　勁草書房　2014年）
- 『消費生活用製品のリコールガイドブック2016』（経済産業省）

コラム　製品の品質を向上させた商品テスト

　商品の品質を調べる商品テストの取組みは長年続けられていました。日本の製品の品質の向上に役立ったと言われています。

主婦連合会日用品審査部
　戦後、粗悪品が横行していたことから、1950年（昭和25年）、日用品審査部を立ち上げました。たくあんの着色料オーラミンの含有テスト、ユリア製樹脂からのホルマリン検出テストなどに取組んでいました。

『暮しの手帖』（暮しの手帖社）
　人気の高かった『暮しの手帖』は、1954年（昭和29年）12月号で、子ども用ソックスの実使用テストの結果を発表し、商品テストに取組みます。編集長の花森安治氏は、実際に家庭で使われているものを徹底して実使用テストするという方針を貫いていきました。

『月刊　消費者』（日本消費者協会）
　日本生産性本部から独立、設置された日本消費者協会は、1961年（昭和36年）から製品を比較した商品テストを実施、その結果を公表していきます。家電製品、日用雑貨などを取上げていきます。

兵庫県神戸生活科学センターなど地方公共団体の取組み
　1965年（昭和40年）に発足した神戸生活科学センターは、商品テストを前面に打ち出しました。各地の消費生活センターも簡易な商品テスト施設をもちはじめます。北海道では寒冷地仕様の製品を取上げるなど、その土地らしい商品テストに取組んでいます。

(独)国民生活センター、製品評価技術基盤機構（NITE）
　現在、国民生活センターは商品テスト施設をもち、消費者からの相談や苦情に対応したテストを実施しています。最近では、水素水や格安スマホの品質などをテストしています。
　NITE（ナイト）は事故を起こした製品の原因究明テストを実施しています。

第9章　食品の表示と安全

　消費者にとって食べ物の安全や表示は、身近で関心が高いものです。

　現在は、たくさんの食品があふれています。海外からの輸入食品も増え、遺伝子を組換えた原材料を使った遺伝子組換え食品など、新しい技術を取込んだ食品もあります。

　このため、表示については、食品表示法の制定、栄養成分の表示の充実、原料原産地表示の義務化など、項目や内容の見直しが、継続して行われています。

　また、近年は、健康志向を反映していわゆる健康食品が氾濫しています。特定保健用食品（トクホ）や機能性表示食品などの保健機能食品制度が設けられています。なかには誇大な表示や健康障害を引き起こしている事例もあります。

（食品を考えるキーワード）

安全
・食中毒
・食品添加物
・輸入食品
・残留農薬
・トレサビリティ
・BSE
・健康食品

表示
・食品表示（原材料、量目、日付）
・アレルギー
・栄養成分
・原料原産地
・遺伝子組換え
・有機農産物
・健康食品

（食品に関する主な法律）

安全；食品安全基本法、食品衛生法、農薬取締法

表示；食品表示法、健康増進法、農林物資の規格化及び品質表示の適正化に関する法律（JAS法）、医薬品的効能・効果に係る表示を規制する医薬品・医療機器等法（薬機法）

1. 健康食品が氾濫

健康食品については、一定の条件のもと使用できる保健機能の表現について、保健機能食品制度で定めています。特定保健用食品と栄養機能食品が健康増進法に位置づけられています。

図1　保健機能食品制度

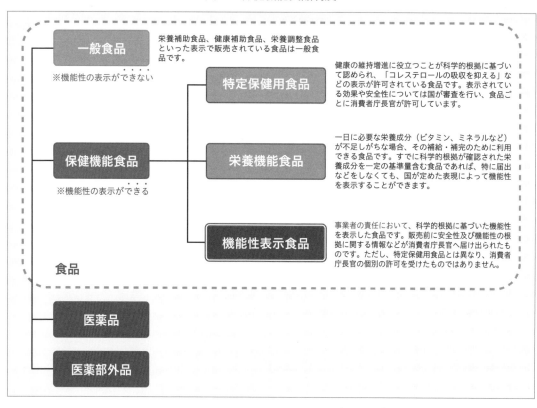

（出典：『平成29年版　消費者白書』）

◇特定保健用食品（トクホ）

その食品の有効性や安全性を国（食品安全委員会、消費者委員会）が審査したうえで、表示内容について許可する「特定保健用食品」制度（特保）を設けています。たとえば「血圧、血中のコレステロールなどを正常に保つことができる」「お腹の調子を整えることができる」といった表示を審査したうえで認めています。

◇栄養機能食品

特定の栄養機能成分に着目した制度です。対象成分は、カルシウム、亜鉛などミネラル5種類とナイアシン、ビタミンAなどビタミン12種類です。国が定め

た規格基準に適合したものしか表示できません。包装部分には定められた表示をします。

◇**機能性表示食品**

　2015年に、新たに加わった制度です。食品表示法に位置づけられています。事業者が一定の科学的根拠を消費者庁に届出ることにより「脂肪の吸収をおだやかにします」といった機能性の表示を認めるものです。一定の科学的根拠とは、事業者の責任で食品そのものの有効性を証明するか、論文情報等から成分の有効性を示すもので、国が審査を行うものではありません。

　消費者に正確に理解してもらうために多くの表示事項を定めています。たとえば「本品は、事業者の責任において特定の保健の目的が期待できる旨を表示するものとして、消費者庁長官に届け出されたものです。ただし、特定保健用食品と異なり、消費者庁長官による個別審査を受けたものではありません。」といった表示などです。

　近年、特定保健用食品については、いきすぎた広告や表示について健康増進法にもとづく勧告、景品表示法にもとづく措置命令が出されています。

　機能性表示食品についても景品表示法にもとづく措置命令が出されています。

　特定保健用食品や機能性表示食品については、チェック体制の強化、制度の見直し、危害情報の公開のあり方の検討を望む声が高くなっています。

　上記の法律にもとづいたもの以外にも多くの、いわゆる健康食品と呼ばれるものが氾濫しています。

　以下のような相談事例があります。

〈健康食品の誇大広告〉

> a 「アミノ酸、一般食酢の120倍のえがおの黒酢でダイエットサポート」「黒酢に含まれたアミノ酸のメラメラパワー」「最初からアミノ酸を使っていたら」と表示していた。
> b 　ヒト試験結果のグラフとともに「臨床試験で実証済み！　これだけ違う『驚きの血圧低下作用』」と表示していた。

・効能や効果があると言えるものは「医薬品」だけです。

　「医薬品」以外で口にするものは、すべて「食品」です。効能や効果をうたう

ことはできません。ふだん目にする広告や表示は、効能、効果があたかもあるかのように微妙な表現をしています。
・根拠のない誇大な表示や広告は、景品表示法で取締まることができます。aの事例には、他にも多くの誇大と思われる表現があったため、景品表示法違反で行政処分（今後の表示を禁止するなどの処分）を受けました。
・健康食品の広告はネットでも氾濫しています。消費者庁は、景品表示法による取締まりを強めています。2016年11月に、『健康食品に関する景品表示法及び健康増進法上の留意事項』を公表しました。
・疑わしいと思う表示や広告があったら消費者庁の景品表示法の通報窓口に連絡しましょう。
・bは特定保健用食品で、血圧を下げる効果があるように表示しており、健康増進法に違反するとされました。

〈健康障害を引き起こした事例〉

a　美容を目的とした「プエラリア・ミリフィカ」を含む健康食品で、若い女性に危害が多発した。（国民生活センター） b　通販で購入した特保の粉末青汁を飲用し、薬物性肝炎を発症した。（国民生活センター）

・「プエラリア・ミリフィカ」とは、バストアップ等を目的とした健康食品です。消化器障害や皮膚障害を引き起こした事例が、複数寄せられています。
・国民生活センターが、市販品を商品テストしたところ、強い女性ホルモン作用を持つ成分が多く含まれていることがわかりました。
事例は、国民生活センターに設置された「ドクターメール箱」（医師からの事故情報受付窓口）の情報です。他にも複数の健康食品による薬物性肝障害の報告があります。
・いわゆる健康食品は、継続して摂取することや、成分が濃縮されていること、他の食べ物との食べ合わせ、医薬品と併用することなどによって、健康障害が現れないかなど、わからないことが多くあります。
危害情報を集める仕組みも不十分です。

〈消費者へのアドバイス〉
□食生活は食事のバランスが大切、食生活が基本です。
□たくさん摂取しても効果が期待できるものではありません。
□錠剤・カプセル状は過剰摂取のおそれがあります。成分が凝縮されているので体調に影響が出ます。
□表示・広告の表現、たとえば「個人の感想」などをうのみにしないようにしましょう。
□体調に異変を感じたら摂取をやめましょう
□医薬品との併用はやめましょう（食品安全委員会「健康食品について」参照）

(相談機関)
○表示・広告に疑問を感じたら
　・消費者ホットライン「188番」
　・消費者庁（景品表示法通報窓口）
○健康障害について知りたいなら
　・（独）国立健康・栄養研究所
　・国立医薬品食品衛生研究所
　・内閣府食品安全委員会

ひと口メモ：体験談による効能効果を読んで誤認、契約解除は可能か

　ある通信販売業者が、「・・研究会」という別の名称で、健康食品で高血圧や糖尿病が改善したという体験談を、定期的に新聞の折り込みチラシに入れていました。これに対して、京都の適格消費者団体が、不実告知（医薬品の効果があるような誤解を与えている）で消費者に誤認を与えているとして、チラシの表示をやめさせる（差し止め請求）訴訟を起こしました。

　不特定多数に向けた新聞折り込みチラシが、消費者契約法の不実告知の「勧誘」に当たるかどうかで争われた裁判です。

　最高裁判所は、「不特定多数に向けた広告であっても、消費者が商品の内容、取引条件など具体的に認識して、その意思形成に直接影響を与えるものもありえる。不特定の消費者に向けられたことをもって、消費者契約法上の『勧誘』に当たらないということはできない」と判決しました。（2017年1月）

2. 食品の表示

> a 食品の表示は、項目や内容をどのように決められているのか。
> b 食品のアレルギー表示を気にかけています。どのように決められているのか。
> c 賞味期限など日付や牛の原産地などの偽装表示事件が多くあったが、その後どうなったか。

〈食品表示法の制定〉

・2015年、食品衛生法、JAS法、健康増進法の表示に関わる部分が1本化され食品表示法が制定されました。

図2　加工食品の表示

名　　　称	豆菓子
原材料名	落花生、米粉、でん粉、植物油、しょうゆ（大豆・小麦を含む）、食塩、砂糖、香辛料
添　加　物	調味料（アミノ酸等）、着色料（カラメル、紅麹、カロチノイド）
内　容　量	100g
賞味期限	2016.6.20
保存方法	直射日光を避け、常温で保存してください。
製　造　者	○○○食品株式会社　+AK 東京都千代田区×××－△△△

（出典；消費者庁HP）

・ハムや食パンなど加工食品のうち、パックや缶、袋などに包装されているものは、名称、原材料名、添加物、内容量、賞味期限、保存方法、製造者等が表示されている。

◇栄養成分表示の義務づけ

・熱量、たんぱく質、脂質、炭水化物、ナトリウムの5成分が表示されます。ナトリウムは「食塩相当量」の表示が認められています。

◇アレルギー表示の充実

・近年、特定の食物が原因でアレルギー症状を起こす人が増えています。

・アレルギー症状をもつ人にとってアレルギーについての表示は必須の情報です。表示の原則を食品ごとに「個別表示」するとし、充実を図りました。

表1　表示されるアレルギー物質

必ず表示される7品目	卵、乳、小麦、落花生、えび、そば、かに
表示が勧められている20品目	いくら、キウイフルーツ、くるみ、大豆、バナナ、やまいも、カシューナッツ、もも、ごま、さば、さけ、いか、鶏肉、りんご、まつたけ、あわび、オレンジ、牛肉、ゼラチン、豚肉

◇原料原産地表示の義務付け

・2016年、すべての加工食品に原料原産地表示を義務づけることが決まりました。
・2017年9月より順次、施行されています。一番多い原材料について「国別重量順表示」（豚肉；アメリカ産、国産）としています。「製造地表示」（チョコレート；ベルギー製造）や、「又は表示」（豚肉；アメリカ産又は国産）、「大括り表示」（豚肉；輸入）の表示も認めています。

◇遺伝子組換え食品表示

・とうもろこしや大豆などで収穫量を増やしたり、病害虫に強い作物を作るために、違う性質をもつ遺伝子を組換える技術が飛躍的に進歩しました。一方、そうした作物は、安全性や生態系への影響を不安に思う消費者もいます。
・欧州や日本では、食品の原材料に遺伝子組換え作物を使用した場合には、そのことを表示するように定めています。
・2001年、遺伝子組換え食品表示制度がスタートしました。2017年、消費者庁では、遺伝子組換え表示の見直しの検討が進められています。

> **ひと口メモ：捨てられる食品（食品ロス）をなくそう**
> いま日本では、まだ食べられるのに捨てられている食品は600万トンを超えています。そのうち半分は家庭から出されたものです。
> 　日付表示を見て、もう食べられないと思って捨てている消費者も多くいます。日付表示の意味を正しく理解しましょう。
> ○賞味期限：おいしく食べられる期間（開封前）
> ○消費期限：その期限を過ぎたら品質が劣化する（生ものや豆腐など衛生管理の面から定められたもの）
> 　食品は使い切るようにしましょう。

コラム　偽装表示事件

　2000年代に入る頃から、日付、原料原産地、ブランドなどで、食品表示の偽装表示事件が多く起こりました。新しくできた食品表示法では、安全性に関する表示、原産地・原料原産地表示の違反や、命令違反等について罰則を規定しています。
　2013年にはレストランやホテルでのメニュー表示の偽装事件が起こりました。以前から検討されていましたが、これをキッカケに、景品表示法に、表示を偽装した事業者に課徴金（第10章参照）を課す制度が導入されました。

3. 食品の安全

〈食中毒、食品添加物、残留農薬〉

> a　O157などによる食中毒事故などを聞くと不安になる。食品の安全はどうやって守られているのか？
> b　食品添加物や残留農薬などの安全性は、どうやって調べているのか。

・食品が安全であることは大原則です。法律や制度、体制づくりなどさまざまな取組みがあります。

・食品衛生法は、食品が原因で起きる衛生上の危害を防止し、国民の健康を保護することを目的にしています。

・キノコなどの食中毒、O157など食中毒については、地元の保健所が対応します。食中毒の疑いがあるときなどは、保健所に相談しましょう。

・見た目をよくする、保存期間を長くするためなどの目的で使われている食品添

加物は、慢性毒性（長く摂取しても健康を損ねない）や発がん性などの安全性を審査したうえで、指定したものしか使用できない仕組みになっています。安全性は、現在、内閣府食品案安全委員会が調べて許可しています。(注)
・農薬は、農林水産省が農薬取締法で使用基準などを規制していますが、食品に残留する農薬の規制は厚生労働省が行っています。
・食中毒を含め、食べ物の安全は、厚生労働省、内閣府食品安全委員会、地元の保健所、検疫所が、それぞれ担っています。

（注）内閣府食品安全委員会

　2003年に起きたBSE（牛海綿状脳症）問題を受けて、食品安全基本法が制定され、内閣府に食品安全委員会が設置されました。

　厚生労働省や農林水産省などのリスク管理機関から独立して、科学的知見にもとづき客観的かつ中立・公正な立場からリスク評価（食品健康影響評価）を実施します。

〈輸入食品〉

> 食品の原料の輸入、輸入食品が増えているが、輸入食品の安全性はどうやって確保されているのか？

・現在、日本は食料の6割（カロリーベース）を海外から輸入しています。ここ40年、この傾向が続いています。輸入食品の安全が確保されているか、消費者の関心は高くなっています。

図3　日本の自給率の推移

(単位%)

品目 \ 平成	昭和40年	22	23	24	25	26	27	28 概算
小麦	28	9	11	12	12	13	15	12
いも類	100	76	75	75	76	78	76	74
豆類	25	8	9	10	9	10	9	8
果実	90	38	38	38	40	42	41	41
牛肉	95	42	40	42	41	42	40	38
豚肉	100	53	52	53	54	51	51	50
鶏肉	97	68	66	66	66	67	66	65
魚介類	100	55	52	52	55	55	55	53
供給熱量ベース	73	39	39	39	39	39	39	38

(農林水産省　平成28年日本の自給率　食糧自給率（カロリー）品目別自給率より作成)

◇輸入食料、食品の安全確保

・輸入食料、食品の安全確保は、厚生労働省が定めた「輸入食品監視指導計画」にもとづき、全国各地の検疫所で原則として問題があると思われるものについての検査・モニタリング調査が行われています。以下の手順になります。

▽輸入食品について、届出内容を確認

▽検査を行い確認

・検査命令

法律違反の可能性が高いと判断される食品等は、輸入者自ら費用を負担して検査を実施し、適法と判断されるまで輸入手続きを進めることができない検査制度

・モニタリング検査

法律違反の可能性が低い食品等は、過去の違反実績を勘案して年間計画に基づいて検査を行う。

▽検査項目

自然毒、食中毒原因菌、残留農薬、異物混入などを調べる。

▽検査の結果

問題がある場合は、廃棄、積戻し等の処分を行う。

・検査内容や結果については、厚生労働省がHPで公開しています。たとえば、

2016年4月から9月までは、以下になります。
- 輸入届出件数：1,161,978件
- 検査件数：　　　98,172件
  （モニタリング検査29,387件、検査命令27,641件、自主検査45,285件）
- 法律違反：　　　　358件

　法律違反として廃棄や積戻しになるものは、たとえば微生物や残留農薬、添加物の使用基準などの食品の規格違反です。またアフラトキシンなどの有毒物質の付着です。
　最近では健康食品で問題になったプエラリア・ミリフィカを含む食品を重点的に検査するとしています。

〔参考文献〕
・『これだけは知っておきたい食べものの話』（全国消費生活相談員協会　2013年）

コラム　森永ヒ素ミルク事件、カネミ油症事件

森永ヒ素ミルク事件

　1955年、森永ヒ素ミルク事件が起こります。森永乳業㈱の徳島工場で製造された粉ミルクに猛毒のヒ素が混入していたのです。死者は130人、中毒患者は1万2千人を超え後遺症に苦しみました。

　事件が起きてから数年後、保健婦たちによる被害者の掘り起こしがはじまりました。被害発生から14年後、被害者の家族たちを中心に森永ミルク中毒の子どもを守る会が結成されました。

　1974年、守る会、国、森永乳業㈱の3者が集まり、ひかり協会が発足します。被害救済の方法に合意し、救済のための費用は㈱森永乳業がすべて負担することになりました。

カネミ油症事件

　1968年、西日本を中心にカネミ油症の被害が報告されました。ひどい吹き出物や手足のしびれ、皮膚の黒ずみ、肝機能障害など全身にさまざまな症状が現れました。原因がわかったのは半年後で、食べた米ぬか油に猛毒のダイオキシンが含まれていたのです。製造工程で脱臭のために使われていたPCBが配管部から混入し、加熱され、ダイオキシンが生成されたのです。

　患者として翌年までに届出た人は1万4千人にのぼりました。

　1969年、福岡地区カネミライスオイル被害者の会が結成され、カネミ倉庫㈱、倉庫の社長、鐘淵化学工業㈱、国、北九州市に損害賠償請求を求める裁判を起こします。

　ところが、1986年に小倉民事第2控訴審で鐘淵化学工業㈱と国の責任が否定されると、国は原告側に支払っていた仮払金の返還を求めてきました。2007年に特別立法が制定され、仮払金問題はようやく決着しました。

　被害者たちの体の不調は続いていて治ることはありません。

コラム　ポストハーベスト（収穫後農薬）と消費者運動

　1970年代に入ると輸入食品が増えてきました。アメリカからの輸入レモンに使われていたポストハーベストが問題になりました。防カビ剤として収穫後に散布する農薬のOPP、TBZが使われていたのです。日本では、ポストハーベストの使用が認められていなかったので、消費者の不安は高まりました。

　1980年代に入り、日本ではOPP、TBZを食品衛生法にもとづく食品添加物として規制し、使用した場合は、その旨表示することを義務づけました。しかし、その後、他の果物で違う残留農薬が発見されたため、ポストハーベスト反対の機運がさらに高まりました。

　ポストハーベスト問題に熱心に取組みアメリカまで実態調査に出かけた消費者団体や、国産レモンを生産する農家の活動を支援する消費者グループが現れました。

第10章 商品選択のための広告や表示

　消費者は、広告や表示等によって商品やサービスの内容や品質を確かめ、自分が欲しいものを選択しています。

　大げさだったり、虚偽のことが書かれた広告や表示は、消費者を誤解させることになり正しい選択ができません。このような広告や表示は、「不当景品類及び不当表示防止法」（景品表示法）によって禁止されています。事業者が提供する景品類（おまけや懸賞）も、この法律で規制されています。

　一方、食品や工業製品、家庭用品等は、それぞれ個別の法律によって、表示項目や内容が義務づけられています。

　広告や表示は、消費者にとって正確でわかりやすく表示されていることが基本であり原則です。こうしたことを通じて、市場での取引を公正なものにしています。

1. 景品表示法

図1　景品表示法のあらまし

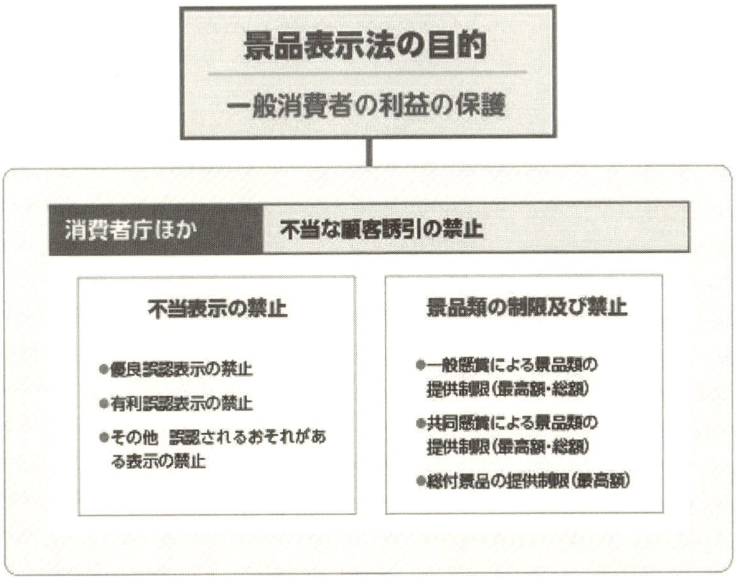

景品表示法の目的
一般消費者の利益の保護

消費者庁ほか　　不当な顧客誘引の禁止

不当表示の禁止
- 優良誤認表示の禁止
- 有利誤認表示の禁止
- その他 誤認されるおそれがある表示の禁止

景品類の制限及び禁止
- 一般懸賞による景品類の提供制限（最高額・総額）
- 共同懸賞による景品類の提供制限（最高額・総額）
- 総付景品の提供制限（最高額）

（出典；消費者庁HP）

・「優良誤認」表示とは、商品・サービスの品質、規格などの内容について、一般のものより著しく優良、又は他の事業者の同種もしくは類似のものより著しく優良な表示のことを言います。
・「有利誤認」表示とは、商品やサービスの価格や取引条件について、実際のものより、又は他の事業者の同種もしくは類似のものより著しく有利である表示のことを言います。
・現在は、ネット上に広告や表示が氾濫しています。広告や表示についての規制のあり方やネットパトロールの導入など変化しています。

(1) 問題になっている広告や表示

〈優良誤認の広告〉

> a 「1回の施術から効果実感」と、顔の横幅が1.5センチ縮小した写真を掲載した広告。根拠があって宣伝しているのか。
> b 軒下などに吊り下げると虫がこなくなる商品（虫よけ商品）は、本当に効果があるのか。

・事例は、景品表示法に定める不当な「優良誤認」表示にあたります。
・消費者庁は、事業者に表示内容の根拠を求めましたが、提出された資料からは、いずれも効果は認められなかったため、「優良誤認」表示とされました。広告をやめるように、消費者庁から措置命令(注)が出されました。

（注）商品・サービスの効果や性能に、「優良誤認」表示の疑いがある場合、景品表示法により消費者庁は、その事業者に裏付けとなる合理的な根拠を示す資料の提出を求めることができます。

広告や表示は、合理的な根拠を示す資料がない場合は、不当表示に当たります。（不実証広告規制）

〈有利誤認の広告〉

> a 「○○ガス展」で販売者2社は、本件ガス機器にはメーカー希望小売価格が設定されていないにも関わらず、ガス会社が任意に設定した価格をメーカー小売価格として表示し、販売価格がそれより安いかのように表示していた。
> b 自動車用タイヤの一本価格について、「『新聞見ました』で当店通常価格より

> 最大半額！」等と記載していたが、通常価格で販売されていたことはなかった。

・事例は、景品表示法に定める不当な「有利誤認」表示にあたります。
・消費者に景品表示法に違反したことを周知すること、再発防止策をとること、今後、同様の表示を行わないことなどが、消費者庁より事業者に命令されました。

優良誤認表示の例
・牛肉のブランド
　三重県松阪で一定期間飼育されていないのに「松阪牛」と表示していた。
・中古自動車の走行距離
　メーターを実際の走行距離より短い距離に巻き戻していた。
・予備校の合格実績
　合格者を実際より多くカウントしていた。
・コピー用紙の古紙配合率
　古紙の配合率を実際より多く表示していた。

優良誤認で、合理的根拠がない表示の例
・ダイエット食品を食べて、あたかも痩せたように表示していた。
・製品に含まれた化学物質で、空気中のウィルスを90％以上除去できるかのような表示がされていた。

有利誤認表示の例
・携帯通信電話の料金の中の定額サービス利用料
　「他社より半額」と表示されていたが、実際は特定の条件のときのみだった。
・家電量販店の販売価格

その他、誤認される恐れがある表示として規制しているもの
・無果汁の清涼飲料水　　・商品の原産国　　・消費者信用の融資費用
・おとり広告　　・不動産のおとり広告　　・有料老人ホーム

〈ネット上における広告や表示〉
　ネット上には多くの広告や表示があります。誰でも簡単に参入することができ、問題があると指摘されれば、瞬時にやめることが可能です。

2011年10月、消費者庁は「インターネット消費者取引に係る広告表示に関する景品表示法の問題点及び留意事項」のガイドラインを公表しました。
　ところが、最近、多く目にするのが健康食品を扱うアフィリエイト広告です。(第3章参照)
　アフィリエイターは、自分が商品やサービスを提供する事業者ではなく広告を掲載しているだけなので、原則として景品表示法の措置の対象にはなりません。しかし、アフィリエイターは広告をすることで利益を得ています。
　2013年12月に消費者庁は「健康食品に関する景品表示法及び健康増進法上の留意事項について」を公表しました。ここでは、アフィリエイターは「表示内容の決定に関与している事業者」として、健康増進法上では広告や表示の責任を負うとされました。アフィリエイターの責任については今後も、注目が必要です。
　ネット広告や表示の取締まりのためには、ネットサーフィンでの監視が一般化しています。

(2) 不当に得た利益を回収する「課徴金制度」を導入
〈課徴金制度とは〉

> a　サプリメント会社が、販売していた特定保健用食品が、錠剤の容器・包装に「血圧が高めの方に適した食品です」という表示を行っていたが、実際には、2011年8月以降、その成分の試験検査は行われていなかった。また、2014年9月以降は、血圧を高めにする成分を特定することができなかった。
> b　自動車工業会社が供給する軽自動車に表示された燃費は、国が定める試験方法にもとづくものではなかった。

・いずれの事例も、景品表示法に違反するとして課徴金の納付が消費者庁から事業者に命令されました。
・課徴金制度は、2014年11月に景品表示法に導入されました。
　□事業者が不当表示を行ったことで得た利益を吐き出させる制度です。消費者庁が金額を査定し、納付命令を出します。金額は対象商品・役務の売上額に3％を乗じた額です。
　□事前に不当表示をやめる事業者の動機づけ、未然防止にもつながります。
　□事業者が自主的な返金を行った場合は、課徴金を命じない又は減額することもあります。

第 10 章　商品選択のための広告や表示

ひと口メモ：日本広告審査機構（JARO）の活動
　1974 年（昭和 49 年）、日本広告審査機構（JARO）が設立されました。民間の事業者によって構成されている自主的な団体で、テレビやインターネット、新聞、雑誌などの広告の苦情を受付け、改善を図っています。

ひと口メモ：新聞の景品に自主規制ルール（公正競争規約）
　新聞の景品、懸賞については、最大 6 か月購読料の 8 ％までを上限とする内容の公正競争規約を新聞公正取引協議会、日本新聞協会が定めています。
　公正競争規約は、事業者又は事業者が違反行為を未然に防ぐために、景品表示法の規定にもとづき消費者庁長官及び公正取引委員会の認定を受けて、景品や表示について定めた自主規制ルールです。
　公正競争規約は、2017 年 9 月末の時点で 104 規約が設定されています。

ひと口メモ：景品表示法に課徴金制度を導入
　景品表示法に課徴金制度を導入するための検討は 2007 年頃からはじまっていました。不当に得た利益を吐き出させるもので独占禁止法には以前から導入されていました。
　2013 年、ホテルなどのメニュー表示に、実際はバナメイ海老を使用していたのに、芝海老を使っていたことなどが発覚しました。このことがきっかけで本格的な検討がはじまり、課徴金制度を導入することになったのです。

> **コラム　牛の絵の表示で中身は馬肉、景品表示法の制定へ**
>
> 　景品表示法が制定された背景には、次のようなことがありました。
> 　1957年（昭和32年）、ある主婦が牛缶をあけたところ、中から一匹のハエが出てきました。不衛生だとして消費者団体に持ち込みました。さらに消費者団体は、東京都衛生局に調査を要請しました。
> 　その結果、中味は牛肉ではなく馬肉だったのです。他のメーカーの缶詰も牛缶と称しながら中味は安い鯨肉や馬肉だったことがわかり、消費者はごまかされていたのです。一匹のハエによって、缶詰の中身がごまかされていたことがわかったのです。
> 　その当時、「テレビを買ってハワイに行こう！」「チューイングガムを買って1000万円当てよう！」（そばのモリやカケは1杯40円～50円の時代）といったテレビCMがさかんに流れていました。
> 　おまけをもらうと得をした気持ちになりますが、結局は消費者が負担しています。うそつき表示や広告、過大なおまけや懸賞には規制する法律が必要だという機運が高まったのです。

2. 家庭用品品質表示法、消費生活用製品安全法、高圧ガス保安法

〈繊維製品の洗濯表示が変わる〉

　繊維製品の洗濯表示は、家庭用品品質表示法にもとづいて表示されています。国際規格である工業標準化機構（ISO）との整合化が進められ、2016年より新たな絵表示が設けられました。

　家庭用品品質表示法は、1962年に制定され、消費者が日常的に使用する家電製品（家庭用品、繊維製品、合成樹脂加工品、電気洗濯機など）と、雑貨（机やテーブル、ほ乳びん、浄水器など）について、品目を指定し、成分などの品質や取扱い方などを表示することを義務づけています。

☆こぼれ話　洗浄剤による死亡事故で「混ぜるな危険」の表示へ
　1980年代後半、年末に主婦がトイレ掃除をしているとき、使っていた洗浄剤から発生した塩素ガスによって、死亡する事故が起きました。異なる成分の洗浄剤の混用のために、有毒ガス（塩素ガス）が発生したことが原因でした。
　通産省（現経済産業省）は、メーカーや消費者団体などの関係者をすぐに集め、危険をわかりやすく知らせる表示の検討をはじめました。
　メーカーから、「混ぜるな　危険」を赤で大きく表示しようという発言があり、年明けの1月末には、その表示が決まりました。
　いまもその警告表示は、目立ちますね。（H）

〈製品の危険性がわかるように表示する制度〉

　その製品の危険性がわかるように配慮した表示制度があります。

◇消費生活用製品安全法による表示

　消費者の生命身体に対して、危害を及ぼす恐れが高い製品については、国が定めた基準に適合した証のPSCマークがついていない製品は販売することができません。登山用のロープ、圧力釜、乗車用のヘルメット、石油ストーブ、乳幼児用のベットなどです。

　長期に使用した扇風機が発火した事故や小型ガス瞬間湯沸かし器の死亡事故を受けて、長期使用製品安全点検表示制度が創設されました。また、電気製品とガス製品の一部に、設計上の標準使用期間を表示して、それを超えると経年劣化して事故の恐れがあると表示することが義務づけられました。

◇高圧ガス保安法による表示

　ガスライターのガスボンベ、ヘアスプレーなどのエアゾール製品は、引火性があるのか、高温に耐えられず爆発の危険はないかなど、使用、保管していても不安です。

　以前は、強燃性、弱燃性などの段階表示でしたが、どの程度、危険なのかはわかりませんでした。

　このため、具体的でわかりやすい表示に改善されました。たとえば「高温にすると破裂の危険があるため、直射日光のあたる所や火気等の近くなど温度が40度以上となる所に置かないこと」「使い切って捨てる」ことなどの表示です。

3. 公正な市場を守る独占禁止法

〈独占禁止法とは〉

　商品やサービスの価格は、どのようにして決まるのでしょうか。

　力が強い事業者が自分に都合のいいように取引価格や取引条件を決めてしまうと、消費者は高値を押付けられるかもしれません。

　事業者が、市場で公正な競争をするようにルールを定めたものが独占禁止法です。独占禁止法にもとづいて公正取引委員会が公正な市場となるよう監視しています。

　1947年、日本でも「私的独占の禁止及び公正取引の確保に関する法律」（独占禁止法）が制定されました。具体的には、以下の行為を禁止しています。

カルテルの禁止	複数の事業者が話し合って価格を設定し、同じ価格にすることを禁止
私的独占の禁止	強い事業者が市場で独占状態にあることを禁止
不公正な取引方法の禁止	公正な競争を阻害するおそれがあるものを禁止

（例）
・不当廉売；コストを下回るような不当に価格を引下げて販売
・再販売価格の維持；その値段で販売するように価格を拘束（指示）
・優越的地位の濫用；特定の事業者が優位な立場で価格などを強制
・ぎまん的顧客誘引；顧客をごまかして取引に誘い込む
・不当な利益供与による顧客誘引
・抱き合わせ販売　　などがあげられています。

　2017年、公正取引委員会は民泊仲介サイト大手のエアビーアンドビーの日本法人の立入検査を実施しました。海外事業者にも法執行を行っています。

第10章　商品選択のための広告や表示

コラム　消費者団体が立ち上がったカラーテレビの買控え運動、灯油カルテルによる損害賠償を求めた運動

カラーテレビ買控え運動

消費者団体が連携して、大手家電メーカーのカラーテレビの販売価格を引下げさせた運動です。

発端となったのは、1969年の全国地域婦人団体連絡協議会によるカラーテレビの店頭価格調査でした。実際には定価より20％～30％安く販売されていました。二重価格です。公正取引委員会は、定価と実売価格が15％以上離れている場合は、景品表示法に違反すると事業者に警告しました。その後も価格は下がらず、消費者団体と事業者団体の交渉も難航しました。

1970年に開催された全国消費者大会で、カラーテレビの買控え運動が呼びかけられました。

同じ時期、アメリカでは日本からのカラーテレビをダンピング（不当に安く売る）と認定しました。

1971年、年明けに1社が価格を下げると他の各社も次々と価格を下げました。2千数百万人の消費者が参加したと言われ、日本の消費者運動史上、大きな成果をあげた運動です。

カルテルによる損害賠償を求めた灯油訴訟

1973年の石油危機の折、石油元売り各社が談合して灯油を高値で販売していました。カルテルです。カルテルとは、企業同士がお互いの利益を守るために協議して、販売価格や生産数量の調整、販売地域の限定や、在庫凍結などの協定を結ぶことで、公正かつ自由な競争を阻害する行為のことです。

それを知った消費者（消費者団体がとりまとめた）が、高値で売られていた分を取り戻そうと石油元売り各社を相手に損害賠償を求める裁判を起こしました。訴訟は3つ争われました。2つの消費者団体は、独占禁止法にもとづくもの、1つは山形県の鶴岡生協（組合員1600人以上が原告）による民法にもとづく損害賠償請求でした。

損害賠償を求めた金額は、ひとり数百円、数千円でした。鶴岡生協の訴訟は2審で勝訴したものの、最高裁では、「やみカルテルで損害を受けたという立証がない」とされ、敗訴しました。

カルテルによる被害者（消費者）が、初めて裁判により損害賠償を求めたものです。

この灯油訴訟の敗訴によって、アメリカのように消費者が集団を作って訴訟ができるクラスアクション制度（集団的訴訟制度、個々の消費者の被害を代表して訴訟提起すること）の導入が必要であることが認識されました。

〔参考文献〕

・『消費者の権利　新版』（正田彬　岩波新書　2010年）

第11章　環境に配慮した消費生活

　市場には、食品、日用雑貨、衣料、家電製品、自動車、あるいは宅配便、コンビニエンスストアなど、生活を便利で豊かにする製品やサービスが多くあります。

　事業者は大量生産し、消費者が大量消費するという社会の中で、大量の資源を使いゴミも発生しています。

　このように、製品やサービスを大量生産し、大量消費するという消費社会が、地球環境を汚染し、破壊しています。地球上の資源を取り尽くす原因にもなっています。

　地球環境を守るためには、個々の消費者が自覚をもって生活をすることが求められています。

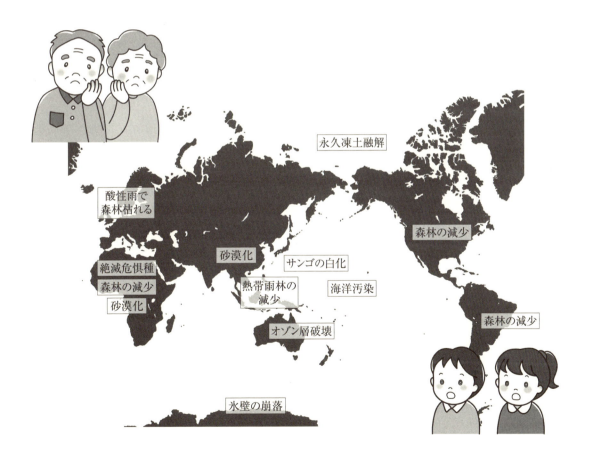

1. 地球の温暖化

〈温暖化防止のための対策〉

> a　地球の温暖化の現象とは、具体的にどのくらい平均気温が上がったのか。
> b　温暖化を止めるための対策として何をしているのか。

　地球の温暖化により、世界では過去100年間で平均1℃の平均気温が上昇しました。このまま何もしないと、21世紀末には地球全体での平均気温が4℃上昇すると言われています。

図1　気温上昇にともなう予測される影響

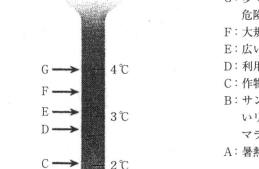

G：多くの種の絶滅リスク、世界の食糧生産が危険にさらされるリスク
F：大規模に氷床が消失し海面水位が上昇
E：広い範囲で生物多様性の損失が起きる
D：利用可能な水が減少する
C：作物の生産高が地域的に減少する
B：サンゴ礁や北極の海氷などのシステムに高いリスク
　　マラリアなど熱帯の感染症の拡大
A：暑熱や洪水など異常気象による被害が増加

※1986〜2005年の世界の平均気温を基準とする。影響は、気温変化の速度や今後の対策の内容により異なる。

（出典；『地球温暖化は解決できるのか』小西雅子　岩波ジュニア新書
IPCC AR5からWWFジャパン作成）

・2015年12月、パリで開催されたCOP21（気候変動枠組条約第21回締約国会議）では、各国がそれぞれ自主的にCO_2削減目標を持寄り、お互いに検証していく仕組みとすることで合意しました。
・日本は、2030年までに2013年度に比し、CO_2の26％減の目標を定めています。消費生活の場面では、以下のようなことを求めています。なかには、国の補助

金で支援する仕組みが設けられています。

　○家電製品の省エネ化

　○低燃費車、ハイブリッドカー、電気自動車の普及

　○エコ住宅（エネルギー消費ゼロをめざす住宅や、省エネ住宅）の新築・改築の普及

2. 地球温暖化問題へのさまざまな取組み

〈再生可能エネルギー〉

図2　将来の電源構成

（出典：資源エネルギー庁HP）

> 事業者から立地もいいから太陽光発電のパネルを屋根に据え付けたらどうか。売電収入もあり、設置費用も取戻せると説明されたが、大丈夫か。

・再生可能エネルギーとして注目を浴びているのが、太陽光発電です。個人（消費者）の家や敷地でも設置が可能です。

・屋根は、太陽光発電パネルを設置しても大丈夫かどうか、サイズ、重量などのチェックが必要です。

・太陽光発電には、実際の日射量が1年を通じてどの程度あるのかで大きく発電量が違います。天候によっても大きく左右されます。

・売電価格の変動によって、設置費用の回収が難しい場合もあります。「売電収

入が保証されている」といった説明には注意をしましょう。
- 太陽光発電事業や新たなエネルギー源をうたい文句とした、「シェールガス」や「メタンハイドレート事業」など、詐欺的な投資勧誘もあるので注意しましょう。
- エネルギー自給率が低い日本では、再生可能エネルギーに期待が集まっています。再生可能エネルギーとは、太陽光、太陽熱、風力、地熱、バイオマス発電（廃材や枯れ草、落ち葉などを燃やして得られるエネルギー）などです。日本では、まだ取組みが始まったばかりです。
- 2011年、東日本大震災のときに福島第一原子力発電所が深刻な事故を起こして、一時、全国の原子力発電所の発電が全面的にストップしたことは、エネルギーのあり方を考えるきっかけにもなりました。
- 現在、全国各地で再生可能エネルギーの担い手が手をあげています。たとえば、福岡県みやま市の「みやまスマートエネルギー」は、2013年から太陽光発電に取組み、2016年4月からは、九州電力管内の一般家庭向けへの小売り販売をはじめています。他にもエネルギーの地産地消に取組んでいるところが多くあります。

> **ひと口メモ：再生可能エネルギーを固定価格で買取る制度**
> - 2012年、再生可能エネルギー電力の固定価格買取制度（FIT）が導入されました。再生可能エネルギーを増やすことを目的に創設された制度です。
> - 太陽光や風力で生まれた電気を、国が決めた価格で、電力会社が20年間にわたり全量買い取ることを義務づけています。電力会社の買取費用は、電気の使用者が電気代に上乗せして支払っていることになります。

〈電気、ガスの小売自由化〉

> a　電気の小売自由化がはじまったということで勧誘を受けて契約した。しかし、契約内容が違うので解約を申出たら違約金の支払いを求められた。
> b　電気の契約先を変えるつもりだったのに、現在契約しているガス会社との解約が進んでいた。

- 電力は、発電、送配電、小売（家庭への配電）の3段階を経て家庭に届きます。それぞれの段階で、他の事業者が参入できる自由化が進められ、2016年4月、

小売の全面自由化がはじまりました。2017年からはガスの小売自由化もはじまっています。自由化により事業者間の競争が起こり料金が安くなることを目指しています。
・自由化により、さまざまな事業者が参入し、いろいろな料金プランを提示しています。ガスの小売自由化がはじまってからは、電気とガスのセット販売も行われています。
・電気、ガスとも自由化がはじまった時点でトラブルが多く起きています。電気契約やガス契約の変更にだけ目が奪われ、他の契約についても変更をすることになっていたという事例です。
・事業者とトラブルにならないためには、提示された料金だけに目を奪われるのではなく、料金体系、契約の仕組み、解約の条件などをしっかり確かめることが大切です。
・消費者が自由に電気やガスを選択できるようになったことから、再生可能エネルギーを選択して伸ばしていこうという動きもあります。

〈消費者ができること〉

地球温暖化を防止するために、消費者にできることを知りたい。

日常生活の中の行動を少しでも注意することが、地球温暖化を防止することにつながって行きます。
□生活の場面で省エネルギーにつとめましょう。(冷房、暖房の設定温度)
□家電製品、車など購入するときは、エネルギーの使用量や環境負荷の少ない製品かどうかにも関心を持って選択しましょう。
□住まいの改修、新築のときは省エネ化を考えましょう。
□自家用車をやめてバスを利用するなど、交通手段の変更などで、省エネルギーの町づくりを考えてみましょう。

3. 循環型社会をめざす

〈循環型社会とは〉

> a 車で回ってくる資源回収事業者に、冷蔵庫やエアコンなど古い大型家電を持っていってくれると言われているが、出してもいいものか。
> b 電話で「バックなど買取ります」という不用品回収業者は、信用できるか。

◇循環型社会に向けて法律が整備

- 2000年、循環型社会形成推進基本法が制定され、廃棄物の発生抑制、再使用、再利用に取組むことになりました。また容器包装リサイクル法、家電リサイクル法、自動車リサイクル法などが次々と制定され、持続可能な循環型社会をめざしています。
- 冷蔵庫、エアコンなどの大型家電は、家電リサイクル法で、回収（有料）が義務づけられています。自治体に指定されている業者に相談しましょう。
- 地球温暖化のひとつの原因としてフロンガスがあります。フロンガスは上昇してオゾン層も破壊し、そこから降り注ぐ紫外線で皮膚がんが増えると指摘されています。

さらに、地球温暖化を促進することが指摘されています。

フロンガスは古い冷蔵庫やエアコンの冷媒や断熱材、車のエアコンにも使われています。廃棄せず回収ルートにのせましょう。

ひと口メモ：不用品の買取りでトラブルになることも

- 家庭には、着なくなった洋服、使わないバッグ、しまいこんだ食器など不用品があります。捨てるのはもったいないと思っているところに、事業者から買取りたいと電話があり、断りきれない人もいてトラブルになっています。
- ゴミとして処分するのはもったいない、資源として回収できるならという、環境や資源を大事に思う気持ちに便乗した悪質商法もあります。特定商取引法の訪問購入に該当する場合があるので消費生活センター等に相談しましょう。

> **ひと口メモ：希少資源を回収して東京オリンピックのメダルを**
> 　2020年の東京オリンピック開催に向けて「都市鉱山からつくるみんなのメダルプロジェクト」活動が展開されています。
> 　使用済み携帯電話などにはプラチナ、パラジウム、金、銀などが含まれています。日本にはこれらの鉱山がないため使用済み携帯電話など小型家電は希少資源の宝庫として貴重なものです。都市鉱山と呼ばれています。
> 　メダルプロジェクトでは、東京オリンピックで使用する金・銀・銅のメダルを5000個作る予定です。
> 　国は、使用済みの小型家電（デジタルカメラ、ゲーム機、携帯電話など）に含まれるアルミ、貴金属などのレアメタルを回収して、再利用するために、2012年、小型家電リサイクル法を制定しました。各自治体が回収しています。

〈グリーン・コンシューマー〉

> グリーン・コンシューマーとはどういう消費者なのか。いつから言われるようになったのか。

- 地球規模での環境問題解決のためには、消費者の生活のあり方が問われます。環境に配慮した商品やサービスを選択し、生活していくことを意識する消費者が登場しました。グリーン・コンシューマーと呼ばれています。消費者が環境に配慮した商品やサービスを選択すれば、事業者もそうした商品などを製造、販売します。それによって環境に配慮した社会への転換を目指します。
- グリーンは緑、環境を指します。1988年に、イギリスで発刊された『The Green Consumer Guide』が発端です。
- 消費者に環境配慮商品をわかりやすく選択してもらうために、商品やサービスに環境マークが付いていきます。
- 日本では、1989年、（財）日本環境協会によるエコマーク制度がスタートします。100％古紙利用のトイレットペーパーや再生ペット樹脂など、現在5000を超える商品にエコマークが付いています。
- 2000年からは、省エネルギーラベリング制度がスタートしました。2006年には、統一省エネラベルが運用され、エネルギー消費効率が、よりわかりやすくなりました。

図3　エコマーク  　　図4　統一省エネラベル

（出典：公財日本環境協会）

（出典：資源エネルギー庁）

〈公正な取引　フェアトレード〉

「フェアトレード」とは、どのような取引のことか。

・フェアトレードとは公正な取引のことです。公正な取引とは、生産や製造の現場で環境汚染や破壊があってはいけない、児童労働など人権侵害がないことなどが問われます。
・フェアトレードマークは、発展途上国の原料や製品を適正な価格で購入することで、立場の弱い生産者の労働環境を守り、労働者の生活改善と自立を目指す「公平な貿易の仕組み」に付けられるものです。

〈環境に配慮した消費者行動　エシカル消費〉

「エシカル消費」とは、どういうことか。

・最近では、倫理的消費（エシカル消費）の動きが注目されています。倫理的消費とは「消費者それぞれが、環境問題などの社会的課題の解決を自分の問題として考えたり、そうした課題に取り組む事業者を応援する消費活動を行うこと」です。
・2015年9月、国連総会で「持続可能な開発目標」（SDGs）が2030年を目途に決められました。「気候変動に具体的な対策をとる」「つくる責任、つかう責任」も目標に掲げられています。消費生活のあり方が問われています。

第11章 環境に配慮した消費生活

> **ひと口メモ：野生生物の保護**
>
> いま、多くの野生生物に絶滅の恐れがあります。ホッキョクグマ、オランウータン、ウミガメ、ジュゴン、トラ、ジャイアントパンダなどです。2016年に国際自然保護連合会が『レッドリスト』としてまとめています。1万2千を超える野生生物と1万1千を超える野生植物があげられています。
>
> 希少な象からとった象牙などは管理されています。私たちの買い物行動が問われています。

コラム　消費者団体の環境問題への取組み

過剰包装はいらない！から容器・包装リサイクル法制定まで

　お中元やお歳暮に過剰な包装はいらないと定期的に実態を調査、事業者と話し合いを進めた消費者団体や、キュウリや生姜など生鮮食品にまでプラスチックトレーは必要ないとして実態を調査、定期的にスーパーなどと話し合いを進める消費者団体も現れました。

　こうした運動が実を結び、1995年、容器・包装リサイクル法が制定されました。リサイクル法は、家電、自動車、建設、食品と広範囲におよび製品のリサイクルが義務づけられました。スーパーなどは、最初は、容器回収ボックスを設置するとゴミを捨てられるからといやがっていましたが、缶やペットボトルなどの回収ボックスを設置していきます。

詰め替え商品が続々登場

　いまでは当たり前になった台所用洗剤、シャンプー・リンスなどの詰替え商品にも消費者の働きかけがありました。缶飲料のふたも散乱ゴミとなっていたプルトップ（リングを引きちぎるタイプ）から、いまのスティオンタブに変わりました。エコバックを持参しての買い物も当たり前の時代になっています。

電池から水銀を削除

　以前は、マンガン電池やアルカリ電池には水銀が使われていました。そのまま廃棄すると環境汚染の恐れがありました。マンガン電池やアルカリ電池の水銀ゼロを求め、実現しました。

深刻な海洋を漂う微小プラスチックゴミ

　海洋に微小（5ミリ以下）のプラスチックゴミが漂っています。海洋汚染、生態系への影響が心配されています。消費者はプラスチックを必ず回収ルートにのせましょう。

〔参考文献〕

・『地球温暖化は解決できるのか』（小西雅子　岩波ジュニア新書　2016年）

・『そこが知りたい　電力自由化』（高橋真樹　大月書店　2016 年）
・『原発ゼロ社会への道―市民がつくる脱原子力政策大綱』（原子力市民委員会　2014 年）

第12章　消費者、企業、行政それぞれの取組み

　市場にある商品やサービスについて消費者と事業者の間では、さまざまな消費者問題が発生してきました。

　終戦後は、粗悪品やごまかし表示が多く出回り、それに不満をもった消費者が、改善を求めて事業者や行政に訴えはじめました。消費者団体の誕生です。その活動は、歴史に残るものが多くあります。

　1970年代になると、経済成長が進む中で、消費者と事業者の格差が広がり、悪質商法による消費者トラブルが増えていきました。このため、国や地方公共団体は、消費者行政の取組みをはじめ、事業者も消費者窓口を設置しはじめます。

　1980年代になると、国境を越えてのモノやサービスの輸出入が増えていき、2000年代に入ると、規制緩和策が一気に進められました。消費者政策の面では、消費者を保護する政策から自立を支援する政策に転換され、消費者は自覚した行動、責任が問われる時代になりました。

　2009年、戦後長く続いた産業振興政策ではなく、消費者（個人）を大事にした社会へと舵を切ることを狙いに、消費者庁・消費者委員会が設置されました。

1. 「消費者」の役割、消費者運動の力

〈消費者団体の取組み〉

　現在、数多くの消費者団体が活動を展開しています。ほとんどの消費者団体は会員制をとり、そのときどきのテーマに取組んでいます。長く活動を展開している消費者団体としては主婦連合会や全国地域婦人団体連絡協議会などがあり、日本消費者連盟も、いま食品の表示問題やエネルギー問題に取組んでいます。

　消費者団体は、テーマによっては連携して活動する場面も多くあります。たとえば、全国消費者団体連絡会は、設立当初から連携のための連絡会としての役割を担ってさまざまな課題で力を発揮してきました。地方消費者行政の充実問題などにも取組んでいます。他にも、製造物責任法制定を求める連絡会や、消費者庁設立に向けて新消費者行政実現全国会議（ユニカねっと）のような活動がありま

した。

　また、環境問題に取組んでいる気候変動ネットワークや原子力資料室などと連携した活動を展開しているところもあります。

　さらに、全国各地には地域の消費者グループがたくさんあります。勉強会を重ねたり、消費生活展を開設したりして、一般消費者に調査活動を発表し参加を呼びかけています。たとえば、東京都地域消費者団体連盟は長い間欠陥商品展を開催しています。関西消費者協会のように『消費者情報』を刊行し、消費者啓発に取組んでいるところもあります。

　専門性をもった活動も登場してきました。反農薬東京グループは農薬の市街地散布に反対し、食品表示を考える市民ネットワークは、消費者が考える食品表示のあり方を提案しています。金融分野に焦点をあてた金融オンブズネットの活動もありました。JISやISOの標準化政策に参画する消費者ネットジャパンの活動、最近では、子どもの製品事故や消費者教育に取組むグループ活動などが登場してきています。

　消費生活相談員や弁護士、司法書士などの専門家グループと連携した活動も展開してきています。さまざまな消費者問題に関する「110番」活動の実施、消費者契約法など法律の制定や改正、多重債務問題などに力を注いできました。

　今後は、ネット社会の伸展とともに、ネットにおける消費者問題に本格的に取組む活動が期待されます。

　さらに新しく適格消費者団体が登場しました。個々の消費者に代わり、不当な表示の改善や損害賠償を求めて事業者を訴えることができる消費者団体です。

〈適格消費者団体とは〉

　2004年、消費者契約法に適格消費者団体制度が盛込まれました。適格消費者団体は、消費者契約法にもとづく不当条項などの差し止め（やめさせる）請求ができるとされました。現在は、景品表示法、特定商取引法、食品表示法にもその制度が盛り込まれています。

　適格消費者団体は一定の消費者相談を受けたり、財政基盤がしっかりしているなど条件を満たせば内閣総理大臣が認可します。消費者団体、消費生活相談員、弁護士らによって構成されています。現在、全国に16の適格消費者団体があります。（消費者庁HP参照）

消費者は「これはおかしい」と思う約款（契約内容を定めたもの）や不当と思う契約条項を適格消費者団体に情報提供すると、まずその事業者と改善に向けて話し合いをもちます。そこで解決が得られなければ、裁判を起こすことができます。

これまで、その事業者などの業界で当たり前だったようなこと、たとえば敷金の返還条項や結婚式場の予約の解約条件などの改善につながりました。（第2章参照）

適格消費者団体は現在（2017年12月）、16団体です。これまで450件近い申し出を事業者に行なっています。

〈損害賠償請求ができる特定適格消費者団体〉

2013年、消費者が受けた損害を回復しやすくすることを目的に、消費者の財産的被害の集団的な回復のための民事の裁判手続の特例に関する法律（消費者裁判手続特例法）が制定されました。

適格消費者団体制度では、個々の消費者が受けた損害の回復までは、求めることはできません。一般的に、これまでは消費者被害の損害額が少額なものが多いため、被害額を取戻す裁判を起こすことは少なく、泣き寝入りをする消費者が多かったのです。

特定適格消費者団体は、事業者から相当多数の消費者被害が発生した場合、適格消費者団体が事業者に対して、財産上の被害（損害）を取り戻すための裁判を起こすことができます。

ただし、被害回復を求めることができるのは事業者に支払った金額の範囲内です。治療費や慰謝料は入りません。

新しく制定された消費者裁判手続特例法は、珍しい2段階型の訴訟手続きです。

特定適格消費者団体は、現在、全国に2団体あります。まだ、はじまったばかりの制度です。消費者は、わずかな金額だからと泣き寝入りをせずに、この制度を活用していきましょう。

図1　2段階型の訴訟制度

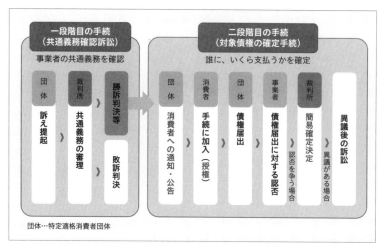

（出典：『平成29年　消費者白書』）

コラム　日本の消費者運動

消費者運動の芽生え

第2次世界大戦後、モノ不足、物価高、粗悪品が横行しました。関西の主婦たちを中心に米寄こせ風呂敷運動、1948年（昭和23年）には東京で不良マッチ退治集会が開かれ、主婦連合会（消費者団体）が結成されました。

1956年（昭和31年）、消費者団体や生活協同組合などが集まり全国消費者団体連絡会が結成されます。最初の全国消費者大会で「消費者宣言」を発表。「私たち消費者こそ主権者であることを高らかに宣言します」とうたいあげました。

消費者からの苦情を受付け、自分たちの手で粗悪品を追放するために商品テストに取り組む団体も現れました。

告発型、草の根型の運動の展開

1970年代に入ると、公害反対運動なども全国各地でさかんになっていきます。消費者運動も事業者や行政を告発する運動を展開する日本消費者連盟などが登場してきます。主に粗悪品や悪質商法を告発していきます。

また、全国各地に消費生活センターが開設され、消費者の相談対応や啓発活動がはじまると、啓発講座の受講者たちを中心に数多くの消費者グループが結成されていきます。それぞれの地元に根を張った活動だったため、草の根型の運動と呼ばれました。いまでも、消費生活展などを開催し、活動を継続しているところも多くあります。

国境を越えた運動の展開

1980年代に入ると国境を越えた消費者運動が展開されていきます。モノやサービスの輸出入が増え、安全性への不安、相手国の資源や労働環境の問題はどうか。地球規模での環境問題の解決など取組むべき課題は多くありました。

> **コラム　消費者団体の訴える権利が争われたジュース裁判**
>
> 　いわゆるジュースについては公正競争規約があります。公正競争規約は、景品表示法にもとづき認められた業界の自主的な規約です。
> 　当時、無果汁のものあっても「合成着色料、香料使用」と表示すれば「ジュース飲料」と表示することを認めていました。
> 　これでは、消費者は誤認してしまうと主婦連合会は、1971年（昭和46年）に、景品表示法第10条にもとづき公正取引委員会に不服の申立てをします。しかし、公正取引委員会は、公正競争規約は一般の消費者の利益を保護するためのものであって、個々の消費者や個別の消費者団体には訴える資格がないとしました。
> 　主婦連合会はそれに不服として、最高裁に上告しました。1978年（昭和53年）、最高裁は、景品表示法の目的は公益の実現にあり、一般消費者は、その反射的利益を受けるに過ぎないとし、不服申立ての資格なしとして訴えを却下しました。
> 　その後、消費者団体は訴える権利について先進的な取り組みをしていた欧米諸国を参考に勉強会を重ねていきました。適格消費者団体の創設につながります。

2. 事業者の取組み

　消費者からの相談や苦情に対応して、多くの事業者が消費者窓口を設置しています。リコール（事業者による製品の自主回収）対応も迅速になり事業者としての社会的責任が認識されるようになりました。

　さらに、地球規模での環境問題への取組み、従業員の労働環境への配慮など、事業者の社会的責任はより問われる時代になっています。

〈消費者関連専門家会議（ACAP）の登場〉

　1970年代には消費者と関わることが多い企業を中心にお客様相談室を置く企業が増えていきました。

　アメリカにならって、企業の消費者相談窓口の集まりを作ろうという動きが高まり、1980年、任意団体、現在は公益社団法人として消費者関連専門家会議が設立されました。

　2015年末現在、会員数は約900名、会員企業は約600社です。自主研究会や研修、消費者啓発事業、調査・研究などに取り組んでいます。

　消費者からの相談や苦情は宝の山だと認識する企業や、消費者相談窓口を企業

のトップ層につなげていく企業も現れてきます。

〈消費者志向経営〉
　1990年、通産省は「消費者志向優良企業表彰制度」をはじめました。事業者は消費者相談窓口の設置、消費者への情報提供に積極的に取組みはじめました。環境に配慮した製品づくり、リコール（製品回収）にも迅速に取組みはじめるところもふえてきました。2015年、消費者庁では消費者志向経営の検討会を設置、2016年には「消費者志向経営推進キックオフシンポジウム」を開催しました。

〈企業の社会的責任〉
　1990年代に入ると、どの企業から商品やサービスを買えばいいのか？　アメリカでは『買い物ガイド』が出版され、それを手がかりに企業を選んで買い物をする消費者が現れました。当時、これを受けて日本でも同様の本が出版されました。

　2000年代に入るころから、明確に「企業の社会的責任」という言葉が認識されるようになってきました。その概念は広く、ステークホルダー（直接・間接的な利害関係者）も労働者、消費者、住民、株主など多岐にわたります。雇用、労働安全、顧客の健康・安全の確保、さらに生物多様性の保護や生態系の維持までを含めた考え方です。
　当初、各企業は「環境報告書」として事業活動を公表していましたが徐々に「CSR報告書」（Corporate Social Responsibility）に衣替えしていきました。取引先も含め、全社における取組みがはじまりました。
　企業のなかにはマングローブの植林による生態系保全やビオトープを作る、災害ボランティアへの参加などの活動を展開するところもありました。
　1歩進めて、原料調達が周辺環境を汚染、破壊していないかなどに配慮する企業も現われてきました。
　近年では東芝の会計不正問題、マンションのくい打ちデータの改ざん、三菱自動車の燃費不正問題や製鋼会社のJIS規格の不正認証や自動車会社の内部検査のあり方など企業の不祥事は続いています。企業の社会的責任の定着は、依然として大きな課題です。

> **ひと口メモ：公益通報をした労働者を守る法律**
> 　2004年、公益通報者保護法が制定されました。
> 　当時の食品表示偽装、自動車のリコール隠しなどは、企業の内部にいる労働者が外部に告発して明るみに出た事件でした。
> 　法律は、人の健康や安全、市場の公正なルールなどについて企業内部で不正を行っている場合に、企業の中で働いている労働者が、外部に不正を通報したとき、その人が不当な解雇にあったりしないように保護するものです。
> 　イギリスの労働法をお手本にしています。イギリスでは、高齢者の介護施設での虐待問題の改善につながったりしています。
> 　法律の保護を受けるために、通報者が通報できるところは、以下になります。問い合わせなどは法律を所管する消費者庁に連絡しましょう。
> ①事業者内部にある通報窓口　②監督官庁や警察などの取締り機関
> ③弁護士会、報道機関、消費者団体

3. 行政の取組み

　現在の消費者政策、消費者行政は、消費者基本法にもとづき、消費者の自立を支援する施策を展開しています。その範囲は、消費生活すべてに関わる幅広いものです。現在、消費者行政は2009年に発足した消費者庁・消費者委員会が担っています。消費者庁は司令塔の役割を果たし、消費者委員会は消費者行政全般の監視役を担っています。

〈消費者基本法の制定〉

　2004年、「消費者保護基本法」は、制定から30数年ぶりに、「消費者基本法」に改正されました。この改正により、消費者政策は、消費者の保護から自立支援へと大きく転換しました。

　消費者基本法第2条「基本理念」には、「消費者の権利」の文言が盛込まれました。「選択の機会の確保」「必要な情報の提供」「教育の機会の確保」「意見の反映」「被害の救済」などです。

　法律では「消費者の権利の尊重」と「消費者の自立支援」を消費者政策の基本として、消費者政策を確実に進めるために消費者基本計画（5か年計画）が盛込まれました。

〈消費者庁・消費者委員会の設置と国民生活センター〉
　2009年9月、新しく消費者庁と消費者委員会が設置されました。
◇消費者庁設置
　消費者庁は安全、取引、表示についての基本的な法律を所管（共管も含む）しています。現在は、29本の法律を所管しています。食品などの表示や誇大な広告を取り締まる景品表示法、悪質な取引を規制する特定商取引法なども所管し、消費者庁は、行政処分を行うことができる実働部隊ももつことになりました。
◇新しく消費者安全法を制定
　法律の主な狙いのひとつは、事故情報を一元的に消費者庁に集めることです。さらに、どの省庁の担当になるかわからないようなすき間事案については、消費者庁が対応できることにしました。
　情報を確実に収集や提供するには、地方の消費者行政の充実が必要としました。
◇消費者委員会設置
　消費者委員会は消費者庁とは別の組織として内閣府に設置されました。10人以内の委員で構成します。消費者問題を「自ら調査審議」して、その問題の担当大臣などに意見を表明して改善を図るよう促します。加えて「各大臣等の諮問を受けて答申」（審議会機能）等の機能ももちます。
◇国民生活センターの役割
　独立行政法人国民生活センターは、消費者基本法（2004年制定）に消費者行政における中核的な機関として積極的な役割を果たすものと位置づけられています。
　地方の消費生活センター等における解決困難な相談に関するアドバイスをするとともに、PIO-NETを活用した消費生活相談の収集、それらの情報の分析及び商品テスト、さらには消費者への情報提供、消費者行政職員や消費生活相談員等への研修などを行っています。
　消費者庁、消費者委員会が設置されたことで、ますますその役割が重要になっています。

〈消費者庁・消費者委員会が取り組んだこと〉
　消費者庁は、地方消費者行政の充実、事故情報収集の一元化、消費者安全調査委員会の設置、食品表示法の制定、消費者教育の充実、景品表示法に課徴金制度

第12章 消費者、企業、行政それぞれの取組み

図2 消費者行政の基本的な枠組み

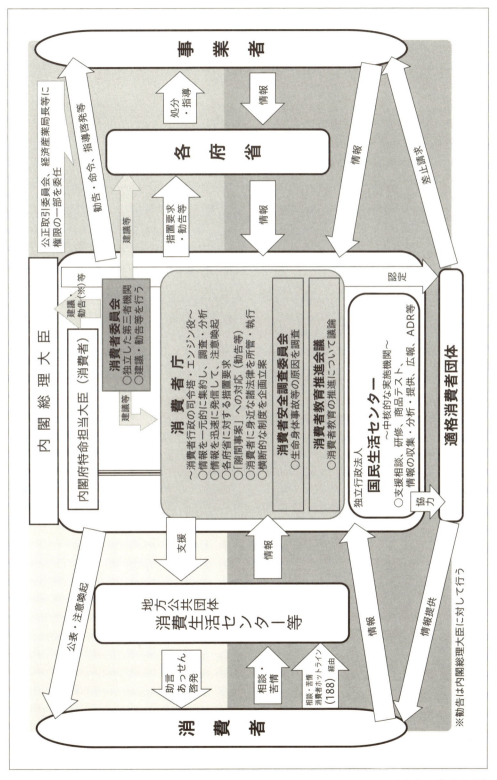

(出典；消費者庁)

を導入、消費者裁判手続法の制定などに取組んできました。

　消費者委員会は、2010年、初めて「自動車リコール制度に関する建議」を国土交通大臣あてに提出し、改善を求めました。

　未公開株投資詐欺、有料老人ホームの前払金の問題、マンションの悪質な勧誘、美容・医療サービスに関わるHPの問題などでは法律や政・省令改正に結びつけています。民法の成年年齢引下げについても対応を求めています。（くわしくは、消費者委員会HP参照）

コラム　消費者行政の歩み、消費者保護から自立支援へ

　終戦後は、経済復興に力が注がれ、国や地方公共団体には消費者行政の体制がなかったため、消費者団体が消費者問題の取り組みを活発に行っていました。

　1960年代のはじめに、食品を扱う農林省（現在は、農林水産省）や、製品を扱う通産省（現在は経済産業省）に、それぞれ消費者に対応する消費者窓口が設けられ、1961年には、国に先駆けて、東京都がはじめて消費者問題の専門部署（消費経済課）を設けました。1965年に、兵庫県が「神戸生活科学センター」を設置、同年、国が、経済企画庁（現在は内閣府）に国民生活局を設置し、消費者政策や物価政策などの消費者問題に総合的に取り組むようになりました。

　1968年には、消費者を保護する存在として位置づけた消費者保護基本法が成立、地方自治法に消費者行政への取り組みが盛込まれていきました。

　1970年代に入ると、消費者問題に取組むための条例（地方自治体の法律）づくりが、積極的に行われ、消費者行政が強化されました。消費生活講座も開設されるようになり、受講した消費者がグループを作って、消費者団体として活動をはじめるところもたくさんありました。1970年に、国の機関として、特殊法人国民生活センター（2003年に独立行政法人）が発足し、1984年に、全国の消費生活センターなどに寄せられた相談や苦情の情報を国民生活センターに集めて、その内容を分析し問題点を早く見つける機能（PIO-NET）を導入、個別に起きる消費者問題を早く発見するための体制が整いました。

　経済のグローバル化が進展し、規制緩和が進む中で、消費者の自立が求められるようになっていきました。2004年、消費者保護基本法を消費者基本法に改正し、消費者保護から消費者自立支援に政策転換が図られました。

第12章　消費者、企業、行政それぞれの取組み

> **コラム　消費者庁・消費者委員会設置は、行政の基本理念の転換**
>
> 　2007年9月、福田康夫総理は就任するとすぐに、内閣府の国民生活審議会にすべての施策を消費者・生活者の視点で点検するよう指示を出しました。その年末、中国産冷凍ぎょうざ中毒事件が起こります。
> 　2008年の初めに、福田康夫総理は、施政方針演説で「消費者庁」の創設を明らかにします。2月、首相官邸に消費者行政推進会議（座長佐々木毅氏　委員11名）を設置、具体化に向けて精力的に検討が進められ、6月には「消費者行政推進基本計画〜消費者・生活者の視点に立つ行政への転換〜」を取りまとめ公表します。
> 　消費者庁設置のための骨子案になりました。
> 　この動きに呼応して消費者団体、消費生活相談員、弁護士、司法書士らが集まって、ユニカねっと（消費者主役の新組織実現全国会議）を結成し、新しい組織づくりを全国各地で後押ししました。

> ☆こぼれ話　消費者庁創設の議論
> 　消費者行政推進会議では、福田康夫総理が冒頭から会議が終わるまで出席、さかんに委員の意見をメモし、時に発言しておられました。
> 　推進会議は、それまでの産業優先の行政のパラダイムの転換、公務員の意識改革、霞が関に立派な省庁ができただけでは意味がない、地方こそ大事など自由闊達な意見交換の場でした。私が最初に見た審議会は1970年代後半の米価審議会です。この場では、委員が順番に「ご開陳」と言われ発言していました。隔世の感がしました。（H）

4. 地方消費者行政

　地方では地元の消費者からの相談や苦情に対応する消費生活センターや消費生活相談窓口を設置しています。消費者への情報提供や講座を開設、出前講座などによる啓発事業なども行われています。さらに、消費者団体と協同して消費生活展を開いたりしています。

　地方消費者行政は、それぞれの地域で特色のある取組みが展開されています。北海道では、寒冷地仕様の製品にしぼって商品テストを長年実施しています。東京都では被害救済委員会が、機動的に消費者問題の解決に取組んできました。多重債務問題に熱心に取組むところもあります。

〈消費生活センター・相談窓口の充実へ〉
・消費者庁設置後、地方消費者行政活性化基金や地方交付税を活用して、国は地方消費者行政に財政支援を行っています。
・2014年6月、消費者安全法が改正されました。
「消費者安全確保地域協議会」の設置など地域の見守りネットワークの構築や、消費生活相談員の職を法律に位置づけ、資格試験を法定化しました。
・2015年4月、全国すべての地方公共団体に消費生活センター、消費生活相談窓口が設置され空白地帯は解消されました。
しかし、消費者行政を充実するためには、消費者行政を担う担当職員が選任化されていないなどの課題もあります。

最近では、滋賀県野洲市のように消費者安全確保地域協議会が消費者安全法第11条2項の規定にもとづき、消費者庁から情報提供を受け、警察の情報と併せて「見守りリスト」を作成し、注意喚起に活用するところも出てきました。
2017年7月には、徳島県に消費者庁と国民生活センターの「消費者行政新未来創造オフィス」が開設され、地域の見守りや消費者教育などの実証実験などが取組まれています。

コラム　消費生活相談員

各地の消費生活センター等には資格をもった消費生活相談員が対応しています。これまでの資格は消費生活相談員、消費生活アドバイザー、消費生活コンサルタントの3つがありました。
消費生活コンサルタントは、日本消費者協会が1962年に開設した養成講座の受講者に付与されていました。消費生活相談員は独立行政法人国民生活センターの付与する「消費生活専門相談員」の試験に合格した資格をもつものです。消費生活アドバイザーは、日本産業協会が実施する試験に合格したものに付与されています。
これまで、消費生活相談員の位置づけは明確ではありませんでした。2014年の消費者安全法の改正により、消費生活相談員の職を法律に位置づけ、新しい資格試験制度を創設しました。2016年度から実施されています。
消費生活相談員は消費者問題の専門家集団としても大きな力を発揮しています。

5. 海外の消費者問題の取組み

〈国際消費者機構の動きなど〉

　1960年、国際消費者機構（IOCU。現在はCI：Consumer International）が設立されました。各国の消費者団体が連携した非営利・非政府機関です。設立当初は、商品テストの手法や表示のあり方、消費者教育について検討していました。

　1962年には、アメリカではケネディ大統領が特別教書で「消費者4つの権利」を公表します。消費者に明確に「権利」があると位置づけ、日本をはじめ多くの国々に影響を与えました。1960年代、弁護士ラルフ・ネーダーは『どんなスピードでも車は危険だ』を著しました。

　1980年代に入ると、国際消費者機構にアジアで初めての会長としてアンワ・ファザール氏が就任します。1982年（昭和57年）、南北問題、環境問題が深刻化するなかで「消費者8つの権利と5つの責務」を発表します。深刻化する南北問題、環境問題に配慮し、消費者の「責任」を明確にしました。この考え方は、日本では消費者基本法に反映されています。

　現在、国際消費者機構は本部をイギリスに置き、3月15日を「消費者権利の日」と定め、さまざまな活動を展開しています。

ひと口メモ：アメリカのケネディ大統領による「消費者4つの権利」
　1962年、「消費者の利益の保護に関する連邦議会への特別教書」において、公表しました。
　・安全への権利
　・情報を与えられる権利
　・選択をする権利
　・意見を聴かれる権利
　その後、消費者教育を受ける権利が加えられました。

> **ひと口メモ：国際消費者機構（IOCU、現在は CI）の 8 つの権利と 5 つの責任**
>
> 1982 年、発表しました。
>
> （8 つの権利）
> ・生活のニーズが保障される権利
> ・安全への権利
> ・情報を与えられる権利
> ・選択をする権利
> ・意見を聴かれる権利
> ・補償を受ける権利
> ・消費者教育を受ける権利
> ・健全な環境のなかで働き生活する権利
>
> （5 つの責任）
> ・批判的意識をもつ責任
> ・主張し行動する責任
> ・社会的弱者への配慮責任
> ・環境への配慮責任
> ・連帯

◇世界各国の消費者行政

　各国の消費者政策、消費者行政の体制は大きく 2 つに分けられます。

　ひとつは、消費者政策と競争政策の連携を重要と考えている国々です。デンマークやフィンランド、韓国などです。

　もうひとつは、経済・産業政策における消費者問題に着目している国々です。主に、欧州各国にその傾向がみられます。

> **ひと口メモ：国際標準化機構（ISO）とは**
>
> 　1947 年、国際標準化機構（ISO）が設立されました。製品やサービスの品質・内容などを具体的に標準化することを目的とし、国際的なモノやサービスの貿易を促進しています。1978 年、ISO 理事会のもとに消費者政策委員会（COPOLCO）が設置されます。消費者ニーズを規格化に反映する方法などを検討しています。

第13章　何を学び、考えるのか　消費者教育

　消費者として何を学び、どう考えていくのか、消費者教育は、いつの時代でも大事なことと捉えられてきました。

　1963年に制定された消費者保護基本法に消費者教育が明文化されて以来今日まで、国や地方自治体は、消費者への相談対応、商品テスト、一般消費者向け講座や出前講座、広報紙による情報提供などを行ってきました。

　さらに、学校教育のなかにも消費者教育が組込まれてきました。

　しかし、知識を得ることだけが消費者教育ではありません。これまでの歴史を学び、自分の消費生活について、しっかり考えることができる、社会に参画し、未来を考えることができる消費者を育てることが大切です。

　今、そのための取組みが本格化しています。

1. 消費者教育をすすめる

> 消費者教育は、どのように行われているのか。

〈消費者教育推進法の制定〉

・2012年、「消費者教育の推進に関する法律」(消費者教育推進法) が制定されました。

　第1条で「消費者教育の機会が提供されることが消費者の権利である」としています。

　第3条の「基本理念」では、消費者としての適切な行動を行う能力を育成する、消費者市民社会に参画し発展に寄与できる消費者の育成を行うとして、消費者教育を幼児期から高齢期まで段階に応じ体系的に推進することを盛込んでいます。

　第19条では、「消費者教育推進会議」を設置し、「消費者教育の推進に関する基本方針」(5年計画) を策定するとされています。さらに、第20条で、地域における消費者教育の推進を求め、消費者教育推進地域協議会を設置するよう努めることとしています。

図1　消費者教育の推進体制

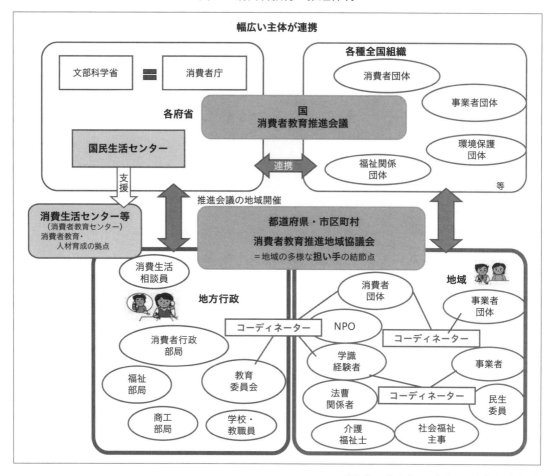

(出典：『平成28年版　消費者白書』)

・消費者教育推進のためには、国と地方公共団体、消費者行政と教育行政、地方公共団体と消費者団体、事業者団体など各主体の連携・協働が大切です。

◇**消費者教育推進会議**

第1期消費者教育推進会議では「消費生活センターの消費者教育の拠点化に向けて」として以下の提案をしています。(2015年3月)

　　・消費者教育への関心の輪を広げる
　　・消費者教育を自ら企画・実施する
　　・消費者教育の実施を働き掛ける
　　・消費者教育の関係者をつなぐ
　　・消費者教育の担い手を育てる
　　・自主学習・交流・情報発信の場を提供する

第3期（2017年～）では、
- ・成年年齢引下げ対応としての若年者への消費者教育の充実
- ・消費者の特性に配慮した消費者教育の推進
- ・情報通信ネットワーク社会の発展に対応した消費者教育

を当面の重点事項として取上げています。

〈消費者教育を実践するために〉

　消費者教育は、小学校、中学校、高等学校の社会科、家庭科、公民科などで学習指導要領にもとづいて行われています。2018年度から5年かけて、幼稚園を含め順次、改訂が進められる予定です。

　高等学校での「公共」教科では具体的な事例として、「消費者の権利や責任、契約‥」を示しています。

　消費者庁は「消費者教育ポータルサイト」をHP上に開設し、地方公共団体などの消費者啓発・教育に関するさまざまな情報を提供しています。

　たとえば、下記は、東京都消費生活総合センターが作成したものです。買物ロボットカートくんが登場し、前半は楽しく学べる買物体験、後半は深く考える発展ステージになっています。

図2　カートくんの買い物★なびげ～しょん―消費者の権利と責任の町

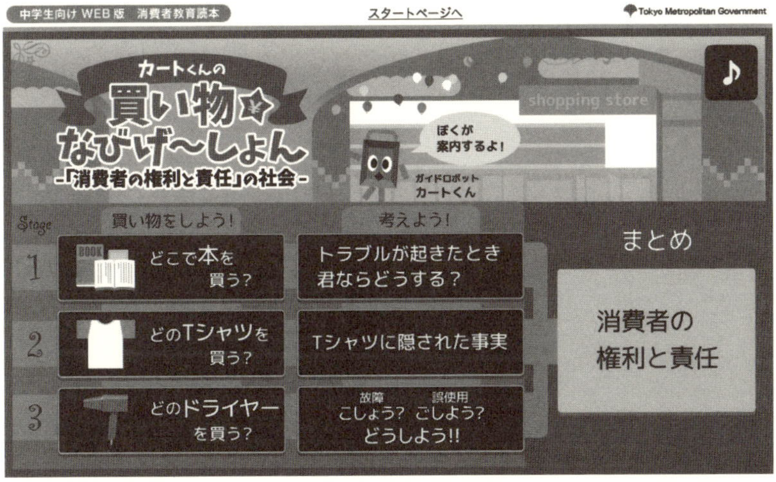

東京都消費生活総合センター

・消費者教育を広げていくためには、他の分野との連携も効果的です。たとえば食品表示の見方や食品ロスの問題、ネット社会が深まるなかでの消費者としての判断、行動はどうしたらいいのかなど情報リテラシーの問題、フェアトレードを考えることをとおして人権問題とのリンク、自分たちの暮らし方と地球温暖化など環境問題との関わり、金融教育や法教育などを合わせて、総合的に進めることが求められます。

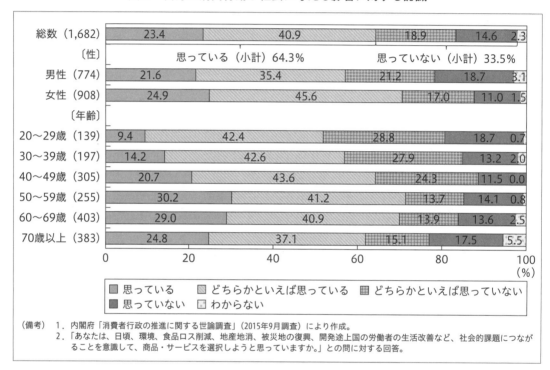

図3　自身の消費行動が社会に与える影響に対する認識

(備考) 1．内閣府「消費者行政の推進に関する世論調査」(2015年9月調査)により作成。
2．「あなたは、日頃、環境、食品ロス削減、地産地消、被災地の復興、開発途上国の労働者の生活改善など、社会的課題につながることを意識して、商品・サービスを選択しようと思っていますか。」との問に対する回答。

(出典；『平成28年版　消費者白書』)

2. これからの消費者教育

これからの消費者教育をどう考えたらいいのか。

〈消費者市民社会がクローズアップ〉

・消費者教育推進法では、「消費者市民社会」という言葉がクローズアップされています。
・消費者市民社会とは、個々の消費者が、自らの行動が、経済情勢や地球環境に

影響を及ぼし得ることを自覚して、将来にわたって公正で持続可能な社会を作るために積極的に参加する社会を目指すことを言います。

〈自らの行動を自覚した消費者に〉
・国内総生産のうち6割近くを個人消費が占めています。
・これからの社会は、情報・通信分野の深化とそれによって生じる情報格差、AI（人工知能）を搭載した家電製品の一般化、シェア文化の台頭にみられる消費の質の変化、地球規模での環境問題の解決、少子・高齢化社会が継続することで経済規模の縮小などが指摘されています。
・自らの消費行動を自覚した消費者を育てる、行動できる消費者を育てることが、ますます重要になってきます。
・2015年9月、国連は「持続可能な開発目標（SDGs）」を定めました。17の目標について、2030年の達成を目指すとしています。目標12に「持続可能な生産消費形態を確保する（つくる責任・つかう責任）」があるとしています。

図4　SDGsのゴール（目標）

（出典：国連広報センター）

コラム　消費者教育のこれまでの取組み

　消費者教育への取組みは、消費者問題が意識しはじめられた頃にまでさかのぼります。19世紀末には家政学が誕生しました。

かしこい消費者づくり
　国際消費者機構（CI）が設立された1960年代には、消費者教育は取組むべき大きな課題でした。日本では、1965年に設置された国民生活審議会の第1回目の議題のひとつは消費者教育でした。当時、消費者教育として意識されたのは「かしこい消費者」づくりでした。

自立支援のための消費者教育
　1980年に、日本消費者教育学会が発足しました。

　1988年、文部省は学習指導要領に本格的に消費者教育を取込みました。（小学校92年度、中学校93年度、高等学校94年度から）
　1990年に、消費者教育支援センターが設置（2012年から公益財団法人に移行）されました。規制緩和政策や行財政改革、司法制度改革が進められるなかで、自立した消費者を育てる教育が必要だという認識が強まりました。2000年代に、消費者基本法の制定が検討されるなかでも、消費者教育の検討は大きな課題でした。
　文部科学省の生涯学習局でも消費者教育の取組みを本格化しました。2010年からは、地方で消費者教育フェスタを開催しています。

（消費者教育のためのポータルサイト及び出版物）
・消費者庁
・東京都など地方公共団体
・公益財団法人・消費者教育支援センター
・金融庁など各省庁
・金融広報中央委員会
・各業界団体

〔参考文献〕
・『お買いもので世界を変える』（日本弁護士連合会消費者問題対策委員会　岩波ブックレット　2016年）

資料編

資料編

1. 問合わせ先・相談先一覧

消費者問題一般		
相談先名	電話番号	ホームページ
消費者庁	03-3507-8800	http://www.caa.go.jp/
ほっとライン	188	
国民生活センター お昼の消費生活相談	03-3446-0999	http://www.kokusen.go.jp/
国民生活センター 越境消費者センター		https://ccj.kokusen.go.jp/
経済産業省消費者相談室	03-3501-4657	shohisha-soudan@meti.go.jp
日本弁護士連合会 ひまわりお悩み110番	0570-783-110	https://www.nichibenren.or.jp/
日本司法書士連合会 司法書士総合相談センター		http://www.shiho-shoshi.or.jp/
法テラスサポートダイヤル	0570-078374	http://www.houterasu.or.jp/
日本訪問販売協会 訪問販売ホットライン	0120-513-506	http://jdsa.or.jp/category/consultation/
日本通信販売協会 「通販110番」	03-5651-1122	http://www.jadma.org/
日本産業協会 相談室（特定商取引法の申出制度）	03-3256-3344	http://www.nissankyo.or.jp/
消費者庁適格消費者団体一覧		http://www.caa.go.jp/planning/zenkoku.html
全国消費生活相談員協会週末相談室	03-5614-0189 週末電話相談室	http://www.zenso.or.jp/

日本消費者協会消費者相談室	03-5282-5319	https://jca-home.jp/
日本消費生活アドバイザー・コンサルタント・相談員協会	03-6450-6631 ウイークエンドテレフォン	http://nacs.or.jp/
インターネット		
総務省電気通信消費者相談センター	03-5253-5900	http://www.soumu.go.jp/
警視庁サイバー犯罪相談窓口	03-3431-8109 (専)	http://www.npa.go.jp/cyber/
迷惑メール相談センター	03-5974-0068	https://www.dekyo.or.jp/soudan/
セーファーインターネット協会セーフライン		https://www.safe-line.jp/
違法・有害情報相談センター（総務省）		http://www.ihaho.jp/
情報処理推進機構（ITA情報セキュリティ安心相談窓口）	03-5978-7509	https://www.ipa.go.jp/
多重債務・信用情報		
日本クレジットカウンセリング協会	0570-031640 （多重債務ほっとライン）	http://www.jcco.or.jp/
日本貸金業協会貸金業相談・紛争解決センター	0570-051-051	http://www.j-fsa.or.jp/
日本信用情報機構	057-055-955	https://jicc.co.jp/inquiry/index.html
シーアイシー	0570-666-414	https://www.cic.co.jp/
全国銀行個人信用情報センター（全銀協）	0120-540-558	https://www.zenginkyo.or.jp/pcic/
金融商品		
金融庁金融サービス利用者相談室	03-3506-6000 代表	http://www.fsa.go.jp/receipt/index.html
証券・金融商品あっせん相談センター	0120-64-5005	https://www.finmac.or.jp/
日本商品先物取引協会相談センター	03-3664-6243	https://www.nisshokyo.or.jp/investor/s_center.html

全国銀行協会相談室	0570-017109	https://www.zenginkyo.or.jp/adr/about/
生命保険協会生命保険相談所	03-3286-2648	http://www.seiho.or.jp/contact/
保険オンブズマン	03-5425-7963	http://www.hoken-ombs.or.jp/about/
損害保険協会そんぽADRセンター	0570-022800	http://www.sonpo.or.jp/efforts/adr/soudan/
住居・建築・不動産関係		
住宅リフォーム紛争処理支援センター(住まいるダイヤル)	0570-016-100	https://www.chord.or.jp/
全国有料老人ホーム協会入居相談室	03-3548-1077	http://www.yurokyo.or.jp/about/index.html
製造物責任・PLセンター		
自動車製造物責任相談センター	0120-028-222	http://www.adr.or.jp/
家電製品PLセンター	0120-551-110	http://www.aeha.or.jp/plc/
消費生活用製品PLセンター	0120-11-5457	http://www.sg-mark.org/plcenter.html
日本中毒情報センター	つくば110番 029-852-9999 大阪中毒110番 072-727-2499	http://www.j-poison-ic.or.jp/homepage.nsf
食品		
農林水産省消費者の部屋	03-3591-6529	http://www.maff.go.jp/j/heya/
内閣府食品安全委員会事務局 食の安全ダイヤル	03-6234-1177	http://www.fsc.go.jp/dial/
広告・表示		
日本広告審査機構	東京 03-3541-2811 大阪 06-6344-5811	http://www.jaro.or.jp/

(注) 各団体の法人格については、削除しています。

2. 参考図書等

【消費者問題全般・歴史を理解するには】
① 『日本の消費者運動』（NHK取材班　日本放送出版協会　1980年）
② 『消費者運動50年　20人が語る戦後の歩み』（国民生活センター編　ドメス出版　1996年）
③ 『戦後消費者運動史』（国民生活センター編　国民生活センター　1997年）
④ 『消費者の権利』（正田彬　岩波新書　1972年）
⑤ 『消費者の権利　新版』（正田彬　岩波新書　2010年）
⑥ 『消費者政策　消費生活論』（鈴木深雪　尚学社　1999年初版　2010年第5版）
⑦ 『消費者問題を学ぶ』（正田彬　金森房子　有斐閣選書　1991年初版　1997年第3版）
⑧ 『海外主要国における消費者政策体制等に関する総合調査』（消費者庁委託調査　みずほ総合研究所　2013年）
⑨ 『ハンドブック消費者　2014』（消費者庁　2014年）
⑩ 『消費者事件　歴史の証言』（及川昭伍・田口義明　(株)民事法研究会　2015年）
⑪ 『消費者問題の変遷と消費者運動』（丸山千賀子　開成出版　2015年）
⑫ 『消費者庁・消費者委員会創設に込めた想い』（原早苗　木村茂樹編著　商事法務　2017年）
⑬ 『消費者委員会の挑戦』（河上正二　信山社　2017年）

【消費者運動を理解するためには】
① 『消費者運動宣言　1億人が告発者に！』（竹内直一編著　日本消費者連盟　1972年）
② 『台所奮戦記　変わりゆく主婦の目』（杉並区消費者の会編著　三一書房　1982年）
③ 『野火あかあかと』（奥むめお　ドメス出版　1988年初版）
④ 『消費者運動・88年の歩み』（野村かつ子　おもだかブックス　1999年）

＊主婦連合会、全国地域婦人団体連絡協議会、全国消費者団体連絡会など消費者団体では年史を作成しています。

【消費者問題の情報を得るためには】
○消費者庁、消費者委員会、国民生活センターのHP
○各省庁発行の白書、HP
○関係機関、各地方公共団体、各業界団体のHP

① 『消費者白書』（消費者庁）
② 『消費者委員会　年次報告書』（ネット版　消費者委員会）
③ 『消費生活年報』（国民生活センター）
④ 『国民生活』（ネット版　国民生活センター）
⑤ 『くらしの豆知識』（国民生活センター）
⑥ 『消費者法ニュース』（消費者法ニュース発行会議）
⑦ 『消費者情報』（ネット版　関西消費者協会）
⑧ 『消費者六法』（民事法研究会　2017年）
⑨ 『キーワード式　消費者法事典』（日本弁護士連合会消費者問題対策委員会）
⑩ 『実践的　消費者読本』（林郁・圓山茂夫編著　民事法研究会　2012年）

3. 年表

社会・経済状況	年代	主な消費者問題と消費者運動
・8月6日広島、8月9日長崎に原爆が投下 ・日本はポツダム宣言を受諾。第二次世界大戦終結 ・連合国軍GHQ、東京に本拠を設置。婦人参政権、労働者団結権、経済民主化、農地改革などの改革を始める。 ・国際連合発足	1945年 （昭和20年）	・大阪の鴻の池主婦らによる「コメよこせ」運動風呂敷デモ
・「日本国憲法」公布 ・第一次吉田茂内閣発足 ・婦人参政権行使、衆議院選挙で女性国会議員39名当選 ・経済団体連合会（経団連）発足 ・財閥解体が始まる	1946年 （昭和21年）	・食糧メーデー「コメよこせ大会」（皇居前広場で飯米確保人民大会開催）
・食料配給公団発足	1947年 （昭和22年）	
・関税と貿易に関する一般協定（ガット）発効 ・第二次吉田茂内閣発足 ・大韓民国（韓国）成立 ・朝鮮民主主義人民共和国（北朝鮮）成立 ・国連総会で世界人権宣言 ・極東軍事裁判（東京裁判）の判決	1948年 （昭和23年）	・**不良マッチ退治主婦大会**開催 ・『暮しの手帖』創刊 ・主婦連合会（主婦連）結成
・1ドル360円単一為替レートが決まる ・シャウプ税制勧告（直接税中心） ・湯川秀樹氏がノーベル物理学賞受賞 ・東西ドイツ成立 ・中華人民共和国成立	1949年 （昭和24年）	
・警察予備隊が発足 ・朝鮮戦争が始まる。（朝鮮特需） ・テレビの実験放送が始まる	1950年 （昭和25年）	・8大都市の小学校が、ガリオア資金（アメリカの援助）によるパン完全給食を実施 ・主婦連、たくあんから有害色素オーラミン検出、使用禁止を要請
・日米安全保障条約調印 ・食料配給公団の廃止 ・民間ラジオ放送が始まる	1951年 （昭和26年）	・食料配給公団廃止により米屋が復活 ・日本生活協同組合連合会結成
・日米安全保障条約発効、GHQ廃止で占領終了	1952年 （昭和27年）	・全国地域婦人団体連絡協議会（地婦連）結成 ・輸入米から黄変米を発見、拒否運動へ
・**民間テレビ放送、テレビCMが始まる** ・朝鮮戦争休戦協定調印 ・株価暴落	1953年 （昭和28年）	・水俣病発生（熊本県水俣市）

消費者政策・行政の動き	解説
	コメよこせ運動 終戦直後は、食糧難で米などは配給制度だったが食糧難で、その配給が滞り大阪で鴻の池の主婦らが「コメよこせ風呂敷デモ」を起こした。その後、各地で「コメよこせ運動」が起きた。この運動が飯米獲得人民大会（食糧メーデー）につながった。
・物価統制令公布 ・物価庁発足 ・経済安定本部（1955年から経済企画庁）設置 ・食糧緊急措置令公布 ・金融緊急措置令公布（新円切り替え）	**不良マッチ退治主婦大会** 当時は、マッチで火を点火していた。その生活必需品の配給マッチは着火しない不良品が多かった。9月3日の不良マッチ退治主婦大会を開催し、主婦が燃えない不良マッチを持ち寄り、優良マッチと取り替えさせた。
・独占禁止法公布　公正取引委員会発足 ・食品衛生法公布 ・労働基準法公布 ・農業協同組合法公布 ・地方自治法公布	**民間テレビ放送、テレビCMがはじまる** 1953年には民間テレビ放送もはじまり多くのテレビCMが登場してきたが誇大広告もあった。「世界一」などの表現もありルールが必要だとして景品表示法が制定された。（財）日本広告主協会（現：（公財）日本アドバタイザーズ協会）は、いち早く「消費者のためになった広告コンクール」を開催した。審査は、消費者が主体で行われ、2017年で、第56回の開催を迎えている。
・消費生活協同組合法（生協法）公布 ・消防法公布 ・農薬取締法公布 ・証券取引法公布 ・薬事法公布	
・工業標準化法（JIS法）公布 ・通商産業省（通産省）発足 ・労働組合法公布	**水俣病** 熊本県（水俣市）と新潟で起きた公害病。メチル水銀が混入した工場排水を海に流して、それを取り込んだ魚や貝を食べた人に、メチル水銀中毒が現れ、手足のしびれや震え、言葉がはっきりしない、聴力障害などの症状が起きた。胎児にも影響が現われた。新潟県の阿賀野川流域でも川の水や農作物により同様の病状が報告された。
・農林物資の規格化等に関する法律（JAS法）公布 ・放送法公布 ・建築基準法公布 ・商品取引所法（現：商品先物取引法）公布	
・道路運送車両法公布	
・宅地建物取引業法公布 ・旅行あっせん業法（現：旅行業法）公布 ・栄養改善法公布 ・計量法公布	
・着色料オーラミン使用禁止（厚生省） ・有線電気通信法公布	

社会・経済状況	年代	主な消費者問題と消費者運動
・東京に地下鉄丸ノ内線（池袋〜お茶の水）開通 ・ビキニでの米水爆実験で第五福竜丸が被爆 ・自衛隊発足	1954年 （昭和29年）	
・日本生産性本部発足 ・日本、ガットに加盟 ・日本住宅公団発足 ・自由民主党結成（55年体制） ・神武景気はじまる（1955年〜57年） ・三種の神器（洗濯機、冷蔵庫、白黒テレビ）ブーム	1955年 （昭和30年）	・森永ヒ素ミルク中毒事件 ・**整腸剤キノホルムによるスモン被害発生**
・経済白書に「もはや戦後ではない」と記される ・日本、国連に加盟	1956年 （昭和31年）	・全国消費者団体連絡会（全国消団連）を結成（日生協、主婦連、婦人民主クラブ、労働組合など）
・南極観測隊昭和基地開設 ・岸信介内閣発足（〜1960年） ・日本、国連安保理非常任理事国に ・ナベ底不況（57年〜58年）	1957年 （昭和32年）	・全国消費者団体連絡会が、第1回全国消費者大会で「消費者宣言」採択
・欧州経済共同体（EEC）発足 ・岩戸景気（58年〜61年） ・一万円札の発行 ・東京タワー完成	1958年 （昭和33年）	・原水爆禁止を訴える平和行進（広島から東京へ）
・皇太子成婚式 ・伊勢湾台風襲来（死者、被害家屋多数）	1959年 （昭和34年）	・新聞代値上げ不払い運動
・新日米安全保障条約批准（60年安保闘争、国会デモ） ・池田勇人内閣発足 ・国民所得倍増計画発表 ・石油輸出国機構（OPEC）発足 ・カラーテレビ放送開始 ・経済協力開発機構（OECD）発足	1960年 （昭和35年）	・国際消費者機構（IOCU、95年からはCI）結成 ・ニセ牛缶事件 ・クレジットカードの登場
・ベルリンの壁構築 ・ソ連宇宙船ガガーリン地球一周に成功 ・アメリカ、ケネディ大統領就任	1961年 （昭和36年）	・財団法人日本消費者協会（現 一般財団法人日本消費者協会）設立 ・**多摩川で合成洗剤による発泡がつづく**
・キューバ危機 ・テレビ受信契約数1000万台突破 ・東京都の人口1000万人超（世界初） ・東京でスモッグが深刻	1962年 （昭和37年）	・**サリドマイド事件** ・森永ヒ素ミルク中毒の子どもを守る会結成 ・レイチェル・カーソン『沈黙の春』出版 ・ケネディ大統領「消費者の4つの権利」宣言 ・日本消費生活コンサルタント協会設立 ・物価値上げ反対集会

消費者政策・行政の動き	解説
・ガス事業法公布 ・利息制限法公布 ・出資法公布 ・黄変米の配給廃止を決定（厚生省） ・経済企画庁発足 ・繊維製品品質表示法公布（現 家庭用品品質表示法） ・倉庫業法公布 ・国民健康保険法公布 ・国民年金法公布 ・メートル法実施（尺貫法廃止） ・薬事法（現行）を公布 ・東京都に消費経済課設置（都道府県初） ・割賦販売法公布 ・電気用品取締法（現 電気用品安全法）公布 ・家庭用品品質表示法公布 ・ばい煙排出規制法公布 ・不当景品類及び不当表示防止法（景品表示法）公布 ・サリドマイド販売禁止（厚生省）	**整腸剤キノホルムによるスモン被害** 整腸剤のキノホルムを服用した人が、全身のしびれ、痛み、視力障害など症状が起きた被害。原因はビタミンB12の欠乏によるもので、1970年、キノホルムの製造販売は禁止された。 **多摩川で合成洗剤による発泡がつづく** 1970年代はじめ頃は下水道が整備されておらず、多摩川には家庭排水などが流れ、合成洗剤で堰（せき）が泡立っている状況が続いていた。合成洗剤の安全性も問題にされるようになり、リンを含む成分解性の悪いハード型（ABS）から、徐々に生分解性のよいソフト型（LAS型）への切替えが進んだ。同時に、石鹸の使用を広げる運動が広がり、1979年、琵琶湖の富栄養化防止条例の制定へとつながっていった。 **サリドマイド事件** 睡眠薬、胃腸薬として1950年代に世界十数か国で販売されたが、四肢を欠損するなどの催奇形が判明して、世界規模の薬害事件となった。妊婦が服用した場合には、サリドマイド胎芽症の新生児が生まれたため、数千名の被害児が生まれた。日本の被害者は1963年に国（厚生省）と製薬会社を相手に訴訟を起こし、1974年（昭和49年）に和解が成立した。 **この頃の世相** **デラックスという言葉が流行** 1957年頃になると、食べるだけで精一杯の生活から少し余裕がでるようになり、「デラックス」という言葉が流行した。「デラックスチョコレート」など日常生活で購入する商品にもデラックスという名前がつけられて販売されていた。

社会・経済状況	年代	主な消費者問題と消費者運動
・黒部ダム、発電所始動 ・ケネディ大統領暗殺 ・この頃3ちゃん農業（じいちゃん、ばあちゃん、かあちゃん）	1963年 （昭和38年）	・ベターホーム協会設立
・佐藤栄作内閣発足（～1972年） ・日本、OECDに加盟 ・東海道新幹線開通（東京－大阪） ・海外旅行自由化（海外旅行ブーム） ・第18回オリンピック東京大会開催	1964年 （昭和39年）	・主婦連が粉末ジューステストでうそつき表示発表 ・財団法人消費科学センター、消費科学連合会結成
・アメリカ、北ベトナム爆撃開始 ・戦後初の赤字国債を発行 ・いざなぎ景気（1965年～70年） ・エレキギターブーム	1965年 （昭和40年）	・アンプル風邪薬でショック死相次ぐ ・新潟県阿賀野川流域で有機水銀中毒患者が発生
・日本総人口1億人を突破 ・中国で文化大革命始まる（1977年、終結宣言） ・交通事故死者数が1万人超える ・ビートルズ来日 ・新三種の神器（カー、クーラー、カラーテレビ）ブーム	1966年 （昭和41年）	・関西消費者協会結成 ・第1回物価メーデー各地で開催 ・主婦連、ユリア樹脂製の食器からホルマリン検出を発表 ・ビールビンの破裂事故が各地で発生
・アメリカ軍、南ベトナムに初侵攻 ・東京都知事初の革新都政（美濃部亮吉） ・佐藤栄作首相「非核3原則」表明 ・欧州共同体（EC）成立 ・東南アジア諸国連合（ASEAN）結成 ・グループサウンズ盛況、リカちゃん人形の発売 ・ミニスカートブーム、フーテン族登場	1967年 （昭和42年）	・合成レモン（ポッカレモン）不当表示の批判が高まる ・四日市ぜんそく公害訴訟 ・神戸消費者協会発足
・霞が関ビル完成（36階、初の超高層ビル） ・黒人運動指導者キング牧師暗殺 ・プラハの春鎮圧される ・三億円強盗事件 ・国民総生産（GNP）世界第2位に	1968年 （昭和43年）	・地婦連、100円化粧品（ちふれ）の販売 ・カネミ油症事件（PCB問題） ・イタイイタイ病、公害病第1号に認定
・東大安田講堂封鎖解除、全国に学生運動広がる ・東名高速道路全面開通（東京－名古屋） ・アポロ11号月面着陸、人間が初めて月面に立つ	1969年 （昭和44年）	・日本消費者連盟創立委員会結成 ・欠陥自動車問題化 ・アメリカで人工甘味料チクロ使用禁止、日本で反対運動広がる ・OECDに消費者政策委員会（CCP）設置

消費者政策・行政の動き	解説
・農林省に消費経済課を設置（中央官庁初） ・老人福祉法公布	**主婦連、ユリア樹脂製の食器からホルマリン検出** 主婦連が行ったユリア樹脂製のベビー用食器のテストで、ほとんどのユリア樹脂製食器から熱湯を入れると有害なホルマリン（ホルムアルデヒドの水溶液）が溶出することが判明した。その後、厚生省は食品添加物等の規格基準を一部改正し、プラスチック製食器の安全・衛生基準の強化、商品の材質や使用法の注意など、品質表示をすることになった。
・通産省に消費経済課を設置	
・厚生省、合成着色料の赤色1号、赤色101号を使用禁止 ・アンプル風邪薬の製造禁止を通達（厚生省） ・経済企画庁に国民生活局を設置、国民生活審議会発足 ・神戸生活科学センター（兵庫県）開設	**四日市ぜんそく公害訴訟** 1960年から1972年にかけて四日市コンビナートから発生した排煙による大気汚染により喘息障害を起こした公害。日本初の本格的な公害訴訟となった。工場から出る排煙の二酸化イオウ（亜硫酸ガス）などで大気汚染が深刻になり、喘息を訴える市民が1000人を超え、中学生の死者も出た。裁判は原告勝訴。
・地方公共団体の消費者行政推進を通達（経済企画庁、自治省） ・プラスチック製食器の新衛生基準を告示（厚生省） ・消費者保護組織及び消費者教育に関する答申（国生審）	**地婦連、100円化粧品（ちふれ）の販売** 「優れた品質の化粧品を、適正な価格で」という考えで、全国地域婦人団体連絡協議会が、1968年に100円化粧品「ちふれ」を販売。高級化粧品と比較テストをしても差がなく、当時では企業秘密されていた成分表示がされ画期的だった。
・レモン飲料7社に排除命令（厚生省） ・消費生活モニター発足（経済企画庁） ・公害対策基本法公布 ・液化石油ガスの保安の確保及び取引の適正化に関する法律（LP法）公布	**イタイイタイ病、公害病第1号に認定** 工業廃水に含まれたカドミウムを、富山県神通川に流したことで下流域の住民に発生した公害病。四大公害病の一つ。激痛やくしゃみで骨折するなど運動不能状態となり、死者も出た。
・消費者保護基本法公布 ・割賦販売法改正（前払式割賦販売の規制等） ・大気汚染防止法、騒音規制法公布 ・ズルチンの使用禁止（厚生省） ・東京都消費者センター開設	**この頃の世相** **この頃3ちゃん農業** 1960年代に入ると高度経済成長が本格化する。中学校を卒業して就職する子どもたちは金の卵と呼ばれた。また、農閑期になると父親は都会に出稼ぎに行くようになり、徐々に田んぼの仕事はおじいちゃん、おばあちゃん、かあちゃん（3ちゃん）が担うようになっていった。急速に都市への人の移動が進み、その後、農村では過疎化が進んでいった。
・地方自治法改正（消費者保護を明記） ・「公害白書」公表 ・欠陥自動車の総合対策（リコール制度など）を公表（運輸省） ・チクロの使用禁止（厚生省）	

社会・経済状況	年代	主な消費者問題と消費者運動
・日本万国博覧会（大阪、千里）開催 ・連合赤軍による日航機よど号ハイジャック	1970年 （昭和45年）	・消費者5団体、チクロ追放全国消費者大会でチクロ入り食品の不買を決定（チクロ使用禁止の先延ばしに反対） ・光化学スモッグ被害発生（東京） ・消費者5団体、カラーテレビ二重価格で買い控え運動 ・日本消費者連盟創立委員会、ブリタニカ商法を告発
・**マクドナルドなど外資系企業が上陸** ・カップヌードル発売 ・美濃部東京都知事が「ゴミ戦争」宣言（ゴミ処分場の逼迫問題） ・ニクソンショックで、スミソニアン合意（1ドル308円に決まる）変動相場制に移行 ・ボーリングブーム	1971年 （昭和46年）	・消費者8団体、化粧品、洗剤など再販売品不買運動 ・ラルフネーダー初来日、著書『どんなスピードでも車は危険だ』 ・日本玩具協会がSTマーク実施 ・過剰包装追放運動広がる ・**ねずみ講「天下一家の会」問題化** ・消火器の訪問販売トラブル続出
・第11回冬季オリンピック札幌で開催 ・沖縄返還（沖縄県の発足） ・日本列島改造論発表（田中角栄内閣）、土地ブーム起きる ・日中国交回復、上野動物園にパンダ寄贈	1972年 （昭和47年）	・全国消団連PCB追放大会開催 ・SF（催眠）商法苦情続出 ・台風20号でプレハブ住宅被害続出
・ベトナム和平協定調印 ・円の変動相場制への移行により円が高騰 ・第1次石油ショック ・70歳以上の医療費の無料化（1982年に廃止） ・第4次中東戦争勃発	1973年 （昭和48年）	・全国消団連、PCB汚染魚の追放を水産庁に申入れ ・第一次石油ショック（売惜しみや便乗値上げでトイレットペーパー等のもの不足と異常な物価上昇） ・石油元売り会社によるヤミカルテル ・東京都地域消費者団体連絡会（都地消）結成 ・公共料金、諸物価値上げ反対国民中央集会開催
・コンビニエンスストア第1号オープン ・第一次石油ショックによる狂乱物価 ・原子力船「むつ」放射能漏れ事故 ・戦後初のマイナス成長 ・「ベルサイユのばら」宝塚上演、爆発的人気	1974年 （昭和49年）	・消費者34団体、**合成殺菌料AF2追放**決起集会開催 ・日本消費者連盟結成 ・消費者団体による灯油訴訟 ・**放射線照射のジャガイモ反対運動** ・リサイクル運動が広がりはじめる

消費者政策・行政の動き	解説
・飼料作物への農薬（BHCとDDT）の使用禁止（農林省） ・キノホルムの製造販売中止（厚生省） ・著作権法公布 ・国民生活センター設立 ・カラーテレビ二重価格表示問題、業界に警告（通産省、公取委）	**ねずみ講「天下一家の会」問題化** 天下一家の会は、「親しき友の会」などと称して会員が子会員を勧誘し会費を徴収し、子会員は孫会員を勧誘し会費を徴収すると配当がもらえるという仕組み。勧誘をめぐるトラブルや配当を得られないなど、社会問題になった。100万人以上の会員を集めた日本最大規模の無限連鎖講（ねずみ講）事件。
・DDT、BHC使用禁止（農林省） ・環境庁発足	**合成殺菌料AF2（食品添加物）追放決起集会** AF2は豆腐などの合成殺菌料として使用されていたが、消費者団体はその安全性に疑問を持ち、AF2無添加商品の製造の運動を行った。1974年、AF2に発がん性があることが公表され、全面禁止となった。 **放射線照射のジャガイモ反対運動** 収穫したあとのジャガイモの発芽を止めたり、殺菌・殺虫をする目的で放射線を照射した。安全性が確かめられていないとして、消費者団体が反対運動を行った。
・家電製品へのPCB使用禁止（通産省） ・割賦販売法改正（クーリング・オフ制度、4日間の新設） ・厚生省、ジャガイモ等への放射線照射（発芽防止）の許可	
・消費生活用製品安全法公布 ・経企庁に物価局発足 ・国民生活安定緊急措置法公布 ・サッカリンの使用禁止（厚生省） ・大規模小売店舗法公布	**この頃の世相** **外食産業が日本上陸** 1970年に、大阪万博のパビリオンに「ケンタッキーフライドチキン」が出店された。同じ年に、日本初のファミリーレストラン「すかいらーく」も出店され、外食産業元年と言われた。71年には、「マクドナルド」「ミスタードーナツ」が出店され、その後外食産業が増えていった。
・消費生活条例（神戸市民のくらしを守る条例）公布（全国初） ・AF2使用禁止（厚生省） ・BL（ベターリビング）マーク制度を告示（建設省）	**この頃の世相** **もの不足でトイレットペーパー消える** 中東戦争を背景に原油価格が高騰（第1次オイルショック）。紙がなくなるというデマが流れた。不安になった市民がトイレットペーパーを買いだめするためにスーパーなどには長蛇の列ができた。店頭からトイレットペーパーがなくなるという騒動が起きた。

社会・経済状況	年代	主な消費者問題と消費者運動
・山陽新幹線開通（岡山－博多） ・天皇、皇后が初の訪米、皇太子夫妻が沖縄訪問 ・沖縄国際海洋博開催 ・ベトナム戦争終結（サイゴン陥落、同政府降伏） ・国際婦人年世界会議開催 ・第一回主要先進国首脳会議（サミット）フランスで開催	1975年 （昭和50年）	・マルチ商法被害対策委員会結成 ・プレハブ住宅をよくする会が発足 ・消費者団体、食品添加物リジン（発がん性の疑い）を給食用パンに添加阻止全国集会 ・銀行を告発する会「銀行被害110番」開設 ・合成洗剤追放運動が広がる
・福田赳夫内閣発足 ・田中角栄前首相逮捕（ロッキード事件） ・南北ベトナム統一（ベトナム社会主義共和国発足）	1976年 （昭和51年）	・消費者団体、塩ビ食品容器の不買運動を開始 ・欠陥住宅問題化 ・サラ金被害深刻化
・排他的経済水域、日本も200カイリ設定 ・日本初の静止気象衛星「ひまわり」打ち上げ ・国民栄誉賞創設（第一号に王貞治） ・カラオケ大流行	1977年 （昭和52年）	・防カビ剤OPPボイコット運動が起こる ・消費者団体による円高差益還元の要求が相次ぐ ・国民生活センター消費生活相談員養成講座修了者の会（現公益社団法人全国消費生活相談員協会）発足
・新国際空港（成田）開港 ・日中平和友好条約調印 ・サンシャイン60（池袋）開設 ・窓際族、家庭内暴力など問題化	1978年 （昭和53年）	・最高裁、ジュース訴訟で主婦連の上告棄却 ・**放射線照射ベビーフード問題化** ・一般消費税反対運動強まる ・サラ金苦で自殺者相次ぐ、全国サラ金問題対策協議会結成 ・円高差益還元を要求する決起集会
・第二次石油ショック ・先進国首脳会議（東京サミット）開催 ・アメリカ、スリーマイル島で原発事故 ・ウオークマン第1号発売 ・インベーダーゲームがブームに	1979年 （昭和54年）	・灯油価格が上昇 ・金の先物取引で被害が多発
・サラ金の現金自動支払機による借入れ開始 ・イラン、イラク戦争 ・第22回オリンピック（モスクワ）大会に日本不参加	1980年 （昭和55年）	・情報公開法を求める市民運動スタート ・水道水のトリハロメタン汚染問題 ・子どものためのCM規制の要求が高まる ・消費者関連専門家会議（ACAP）発足
・中国残留孤児の肉親探しが始まる ・神戸博覧会（ポートピア81）開催 ・**宅配便の利用が増加**	1981年 （昭和56年）	・消費者団体、大規模店舗規制緩和の反対を厚生省に要望 ・日本消費者教育学会発足 ・羽毛布団等の訪問販売被害多発 ・化粧品のキャッチセールス苦情続出 ・IOCU「世界消費者の権利の日」を提唱

消費者政策・行政の動き	解説
・東京都消費者条例公布（全国各地で条例づくりが進む） ・東京都衛研、市販容器から危険濃度超える塩ビモノマー検出	**ベビーフードに放射線照射問題化** 1978年、ベビーフードの原料である粉末野菜を殺菌する目的で、違法な「コバルト60のガンマ線照射殺菌法」により放射線を照射した事件。 **宅配便の利用が増加** 宅配便は、大和運輸㈱が先がけとなって1970年代に登場した。もともと、トラック事業者が荷物を配送する事業は、たとえば、東京から下関まで荷物を運んでも、帰り便に荷物を載せることができないなどの規制があった。また、当時は郵便小包か鉄道で荷物を送る方法が主流で5日くらいかかるという問題があった。 　1980年代になると安くて早く荷物を運ぶ宅配便は非常な勢いで利用が伸びた。大和運輸㈱の社長が、消費者団体を回って賛同を集めていたが、規制緩和の先駆けとなった。
・訪問販売法（現 特定商取引法）公布（訪問販売、連鎖販売取引、通信販売、ネガティブ・オプションを規制） ・川崎市、初の環境アセスメント条例可決	
・防カビ剤OPPを食品添加物に指定（厚生省） ・独占禁止法改正（課徴金制度導入）	
・第1回消費者の日（5月30日） ・防カビ剤TBZを食品添加物に指定（厚生省） ・無限連鎖講（ねずみ講）防止法公布	
・省エネルギー法公布 ・薬事法改正、医薬品副作用被害救済基金法公布 ・琵琶湖の富栄養化の防止に関する条例公布（滋賀県）	
・国民生活センター商品テスト施設設置 ・住宅性能保証制度発足 ・宅地建物取引業法改正（クーリング・オフ制度導入） ・通産省、消費生活アドバイザー認定登録制度発足	
・国民生活センター『たしかな目』発刊 ・プロピレングリコールの使用基準を設定（厚生省）	

社会・経済状況	年代	主な消費者問題と消費者運動
・ホテルニュージャパン火災 ・フォークランド紛争勃発（イギリスとアルゼンチン） ・エアロビクスダンス、ゲートボールブーム	1982年 （昭和57年）	・IOCU「消費者の8つの権利と5つの責任」を提唱 ・海外先物取引の苦情多発
・中国自動車道の全線開通 ・東京ディズニーランド開業 ・三宅島の大噴火 ・この頃、ワープロ普及 ・朝の連続テレビ「おしん」ブーム	1983年 （昭和58年）	・日本で、IOCU国際セミナー（嵐山宣言を採択） ・食品添加物の大幅規制緩和に反対する全国消費者集会 ・サラ金被害続出
・新札（1万円、5千円、千円）発行 ・東証一部ダウ平均株価が初の1万円突破 ・アフリカで飢餓が深刻	1984年 （昭和59年）	・消費者行政サミット（9大都道府県が主催） ・IOCU世界大会（国連消費者保護ガイドラインの採択要請を決議） ・マルチ商法被害が問題化
・科学万博つくば85開催 ・厚生省がエイズ患者を初めて確認 ・公社民営化、NTT、JT（タバコ産業）発足 ・「市場アクセス改善のためのアクションプログラムの骨格」決定 ・男女雇用機会均等法制定 ・日航機ジャンボ御巣鷹山に墜落 ・プラザ合意（ドル高是正）	1985年 （昭和60年）	・豊田商事事件が問題化 ・ECが、製造物責任に関する指令を採択 ・国連総会、消費者保護ガイドラインを採択
・伊豆大島で209年ぶりの大噴火 ・スペースシャトル、発射直後に爆発 ・チェルノブイリ原子力発電所で爆発事故	1986年 （昭和61年）	・海外先物取引会社の倒産が相次ぐ ・悪質抵当証券会社による被害多発
・ニューヨーク市場ブラックマンデー、世界同時株安 ・国鉄民営化（JR）発足 ・地価が高騰（地上げ屋が横行） ・世界の人口が50億人を超える	1987年 （昭和62年）	・**霊感商法の被害が多発** ・AT車急発進事故が多発 ・家庭用の塩素系洗剤と酸性の洗剤の混用による死亡事故発生 ・アスベスト汚染が問題化
・東京の地価上昇 ・東京ドーム完成 ・青函トンネル開通 ・瀬戸大橋開通	1988年 （昭和63年）	・国債購入のねずみ講が問題化 ・日本消費生活アドバイザー・コンサルタント協会発足 ・牛肉、オレンジの輸入自由化問題の決着

消費者政策・行政の動き	解説
・海外先物取引受託法公布	**輸入ワインにジエチレングリコール混入事件** 1937年製品への混入で全世界で数千人の死者を出した猛毒。1982年オーストラリア産のぶどうで熟度が達成しなかったことから使用されたと言われている。オーストラリア産の原酒を輸入したメーカーは、回収、廃棄、営業停止などの措置がとられた。
・標準旅行業約款の制定（運輸省） ・貸金業規制法公布、出資法改正（刑罰金利109.5%から40.00%に引き下げ） ・老人保険法公布、老人医療費一部有料化 ・食品に含まれる添加物78品目、物質名表示の義務付け	**霊感商法の被害** 手相を見るなどと声をかけ、「先祖のたたりがある」「悪いことが起きる」などと不安をあおり、高額な印鑑や数珠、水晶、壺などを買わせる商法。全国の消費生活センターへ相談が殺到し、全国霊感商法対策弁護士連絡会が結成された。
・割賦販売法改正（クーリング・オフ期間が4日間から7日間へ、支払い停止抗弁の接続制度の創設） ・国民生活センター、ネットワークシステム「PIO-NET」運用開始 ・自治体初の個人情報保護条例を可決（春日市） ・厚生省に「健康食品対策室」開設 ・農林省「消費者の部屋」開設	**規制緩和・規制改革** 規制緩和・規制改革は、規制を緩める、あるいは改革し市場経済を活性化させることによる公正な市場づくりを目指している。1980年代後半から1990年代になると世界的に規制緩和の風潮が強まる。 　1998年、日本は規制緩和推進3か年計画を策定、2001年、規制改革推進3か年計画、2004年、規制改革・民間開放推進3か年計画を策定し、現在も取組みは継続している。規制の範囲は、安全、規格、金融、事業範囲、所有など多岐にわたる。郵便事業の民間開放や、農業への株式会社参入などが実施されてきた。
・オーストラリア産等のワインにジエチレングリコール混入事件（厚生省が販売自粛要請）	
・預託法公布 ・有価証券の投資顧問業の規制法公布	**この頃の世相** **ファミコンブーム** 1983年に、テレビと一体となった家庭用のゲーム機ファミリーコンピューターが発売された。 　特に「スーパーマリオブラザーズ」は、電子画面の中で様々な困難を乗り越えていくゲームで子供達は夢中になった。この頃から一般家庭に電子化が浸透して行った。
・環境を汚さない商品にエコマーク制度（日本環境協会） ・抵当証券業規制法公布	
・学習指導要領の改正、消費者教育が本格導入 ・第一回「消費者月間」開催 ・訪問販売法改正（クーリング・オフ7日間から8日間）	

社会・経済状況	年代	主な消費者問題と消費者運動
・天皇崩御、皇太子新天皇に即位（平成と改元） ・消費税（3％）導入 ・東証平均株価3万8915円の市場最高値 ・日本労働組合総連合（連合）発足（総評解散） ・天安門事件 ・参議院選挙で与野党逆転 ・ベルリンの壁の崩壊（東西冷戦の終結）	1989年 （平成元年）	・フロンの全廃宣言を採択（ヘルシンキ会議） ・原野商法が相次いで摘発される ・**使用済み乾電池の水銀汚染問題**
・東証平均株価23848円 ・イラクによるクエート侵攻（湾岸戦争） ・海外渡航者1000万人を突破 ・南アフリカ28年投獄の黒人解放指導者マンデラ氏釈放（アパルトヘイト終結へ） ・東西ドイツ、国家再統一	1990年 （平成2年）	・カラーテレビの発煙、発火事故多発 ・輸入レモンからポストハーベスト農薬（2-4-D）枯葉剤検出 ・石油高騰（湾岸戦争の影響） ・**リゾートクラブ会員権のトラブルが増加** ・マルチ、マルチまがい商法被害が多発
・雲仙普賢岳噴火、火砕流による死者多数 ・バブル景気終焉 ・多国籍軍がイラクに空爆、日本（90億ドル）支援 ・ソ連崩壊（ゴルバチョフ大統領辞任）、エリツィンがロシア共和国大統領に	1991年 （平成3年）	・牛肉・オレンジ輸入の自由化スタート ・日弁連と7消費者団体「欠陥商品110番」を実施 ・消費者のための製造物責任法の制定を求める連絡会結成 ・**茨城カントリークラブゴルフ会員権乱売事件** ・継続的役務取引のトラブル増加 ・ダイヤルQ2トラブルの増加
・脳死臨調が「脳死は人の死」として脳死移植を答申 ・学校週5日制がスタート ・PKO部隊、停戦監視要員としてカンボジア出発 ・大蔵省不良債権12兆円と発表 ・リオデジャネイロ地球サミット（環境と開発テーマ） ・100歳の双子、きんさん、ぎんさんブーム	1992年 （平成4年）	・カード破産が激増し、多重債務が社会問題化 ・新残留農薬基準に反対する運動が強まる
・欧州共同体（EC）発足（12か国3億5千万人市場） ・非自民6党連立、細川護熙内閣発足 ・冷夏による国産米不足で**平成コメ騒動（米の緊急輸入）** ・ガットウルグアイラウンドで米の部分開放決定 ・プロサッカー、Jリーグ発足 ・この頃から国の財政赤字が続く	1993年 （平成5年）	・製造物責任法の制定を求める請願署名が350万人を超える ・変額保険被害問題化 ・マルチ・マルチまがい商法被害増加続く
・衆議院、小選挙区比例代表制の導入 ・初の純国産大型ロケットH2打ち上げ成功 ・関西国際空港が開港	1994年 （平成6年）	・国産のコメが品薄になり価格が急騰 ・ハンバーガーや牛丼など価格破壊が進む

消費者政策・行政の動き	解説
・天然添加物の表示基準制定（厚生省） ・前払式証票の規制等に関する法律（プリペイドカード法）公布	**使用済み乾電池の水銀汚染問題** 1980年代の後半、「使い終わった乾電池に含まれている水銀が、ゴミ処理の時に外に出て、環境に悪い影響が出る」ということが社会問題になった。1991年にマンガン乾電池、1992年にアルカリ乾電池で水銀使用ゼロとなった。水銀電池は1995年に日本国内では生産を中止した。水銀やニッケルなどの金属を多く含むボタン型電池や充電池は、電池業界が電気店など回収ボックスで拠点回収することになった。
・消費者教育支援センター設立 ・消費者志向優良企業表彰制度創設（通産省）	**リゾートクラブ会員権トラブル、茨城カントリークラブゴルフ会員権乱売事件** 1980年代は、リゾート会員権、ゴルフの会員権は、施設を利用するというより登記を目的として購入する人も多かった。「茨城カントリークラブ」はゴルフ場の会員を2830名限定とうたって募集しながら、実際は20倍近い会員を集めていた。1991年に倒産したが契約者に資金はほとんど戻らなかった。この事件がきっかけで「ゴルフ場に係る会員権の適正化に関する法律」の成立につながった。 　リゾートクラブ会員権も、同様に過剰な会員を募集したり、預託金や証拠金を保全していない事業者が多かった。解約を申し出てもすぐお金が戻らないという苦情が消費生活センターにも多数寄せられたが、返金は困難だった。
・再生資源利用促進法（リサイクル法）制定（現 資源有効利用促進法） ・食品添加物の物質名表示実施 ・借地借家法公布 ・消費生活専門相談員資格認定試験の実施	
・ゴルフ会員権に関する法律公布（クーリング・オフ8日間、93年施行） ・計量法、国際単位に改正	**平成コメ騒動（米の緊急輸入）** 1993年は記録的な冷夏となり、小売店から米が消えるという混乱が生じた。スーパーで米を求めて徹夜で並ぶ光景も見られた。輸入米と国産米を抱き合わせで販売する販売店もあった。政府は各国に米の緊急輸入を要請し、タイ政府がいち早く応え、タイ米が流通することとなった。
・JAS法改正（有機農産物、特別表示のガイドライン設定） ・環境基本法公布 ・電気通信利用者相談室設置（郵政省）	
・製造物責任法（PL法）公布（同日施行） ・道路運送車両法の改正（リコールの法制化）	

社会・経済状況	年代	主な消費者問題と消費者運動
・阪神、淡路大震災 ・地下鉄サリン事件 ・WTO（世界貿易機関）発足 ・政府「規制緩和推進計画」を決定 ・パソコン大衆化時代に	1995年 （平成7年）	・阪神淡路大震災の便乗商法 ・悪質な電話勧誘販売が続出 ・こんにゃく入りゼリーの窒息による死亡事故 ・情報公開法制定を求める市民ネットワーク結成
・住宅金融等の専門会社（住専）7社が経営破綻 ・広島原爆ドーム、厳島神社が世界遺産に	1996年 （平成8年）	・コメの輸入自由化 ・有料老人ホームの高額な入居金が問題になる ・O-157集団食中毒多発（小学生が死亡） ・欧州で狂牛病（牛海綿状脳症）が発生
・消費税増税（3％から5％に） ・山一証券が自主破綻、三洋証券、北海道拓殖銀行も破綻 ・地球温暖化防止京都会議開催、京都議定書を策定 ・日本海で大量の重油流出（ロシアタンカーが沈没）	1997年 （平成9年）	・24時間風呂レジオネラ菌で死者 ・ココ山岡（買戻し付きの宝石販売）破産宣告 ・和牛預託商法被害多発 ・遺伝子組換え食品問題化
・明石海峡（神戸－鳴門ルート）全面開通 ・日本長期信用銀行、国有化 ・規制緩和推進3か年計画閣議決定 ・金融ビッグバン本格化 ・第18回長野冬季オリンピック開催 ・インターネットが急速に普及	1998年 （平成10年）	・タバコ訴訟、JTと国に7000万円損害賠償請求 ・環境ホルモン溶出が問題化 ・商工ローンの問題化 ・インターネットねずみ講摘発
・臓器移植法施行後、初の脳死移植（心臓、肝臓、腎臓） ・茨城県東海村、民間ウラン工場で日本初の臨界事故（3人被曝） ・コンピュータ2000年問題が懸念される ・携帯iPhone発売で客が殺到	1999年 （平成11年）	・ダンシング（ふとんのモニター商法） ・内職商法トラブル増加 ・生命保険の転換トラブル増加 ・消費者契約法の制定を求める運動 ・コンピュータウイルス被害が急増 ・内職商法のトラブル増加
・介護保険制度スタート ・三宅島噴火、全島民避難 ・九州、沖縄サミットの開催 ・成年後見制度開始	2000年 （平成12年）	・雪印乳業食中毒事件が発生 ・三菱自動車リコール隠し発覚 ・ジェット噴流バスで死亡事故（女児の髪が排水溝に吸い込まれて死亡） ・宝飾品の買い戻し商法が増加
・小泉純一郎内閣発足 ・中央省庁再編1府12省庁へ ・ハンセン病、国に国家賠償を命じる ・司法制度改革推進法が成立 ・ユニバーサルスタジオジャパン（大阪）がオープン ・米同時多発テロが発生	2001年 （平成13年）	・国内初のBSE（牛海綿状脳症）感染牛発生 ・ワン切り被害多発 ・迷惑メール被害が急増

消費者政策・行政の動き	解説
・食品の日付表示を期限表示に一本化 ・容器包装リサイクル法公布 ・食糧法公布、米の流通規制を緩和（食管法廃止） ・こんにゃく入りゼリー窒息死の警告発表（2007年にも発表）	**阪神・淡路大震災とNPO法** 1995年、阪神・淡路大震災が起きたとき、復興支援のために多くのボランティアが駆けつけた。民間人によるボランティアは、行政の手が届かないようなところまできめ細かい活動が展開されていた。1998年、民間のボランティア活動に法人格を与えるNPO法（特定非営利活動促進法）が作られた。
・訪問販売法改正（連鎖販売取引のクーリング・オフを20日間に） ・民事訴訟法全面改正（少額訴訟制度の導入） ・青果物5品目に対し原産地表示を義務付け	**コメの輸入自由化** 1980年以降、工業製品は輸出し、農産物に輸入制限を設けていることに対して、諸外国から貿易の自由化を求める圧力が強まった。1993年、ガットウルグアイラウンドで、1995年から国内消費の4％を輸入することを認めた（ミニマムアクセス）。1999年からはコメの関税化も実施され、コメ1キロに対して341円の関税がかけられ、コメ市場の自由化が実現した。
・環境アセスメント法公布 ・介護保険法公布（2000年施行）	
・特定非営利活動促進法（NPO法）公布（同年施行） ・HACCP支援法公布 ・金融システム改革法公布 ・家電リサイクル法公布 ・まちづくり3法公布	**ココ山岡（買戻し付きの宝石販売）破産宣告** 「婚約指輪で持っていてもいい、必要なければ5年後に買い戻す」などと勧誘して、高額なダイヤモンドを契約させる商法。買い戻し額が売上げを上回り1998年に破産宣告した。ダイヤモンド鑑定書は独自のもので価値が低く、購入者は多額のローンを抱えるという被害が社会問題になった。
・訪問販売法改正（4役務を特定継続的役務提供契約で規制） ・情報公開法公布 ・住宅品質確保法公布 ・不正アクセス防止法公布 ・良質な賃貸住宅等の供給促進の特別措置法公布	**和牛預託商法被害（安愚楽牧場事件）** 約73,000人から約4200億円もの資金を集めた和牛オーナー制度が行き詰まり、2011年8月に経営破綻した「安愚楽（あぐら）牧場」（栃木県）。和牛の飼育・繁殖で得た利益を配当する約束で出資を募る商法。多数の個人投資家が被害を受けた。「特定商品等の預託等取引契約に関する法律」の特定商品に「家畜」が追加され、規制されることになった。
・国の消費者行政が経済企画庁から内閣府に移行 ・消費者契約法公布 ・金融商品販売法公布 ・訪問販売法を改正し、特定商取引法に改称（業務提供誘引販売取引を規制対象へ） ・マンション管理の適正化推進法公布	**ダンシング（ふとんのモニター商法）** 布団を購入し、モニター会員になって毎月チラシ配りと簡単なレポートを提出するだけで副収入が入るので布団のクレジット代金を払えるなどの勧誘で契約させる、いわゆる「モニター商法」。1999年に破産宣告を受け、被害者弁護団が結成された。 　本件モニター商法は、破綻不可避の反社会的かつ欺瞞的で、公序良俗に反する違法な取引（参考：大阪高判平成16年4月16日）とされた。
・加工商品の原材料、原産地名の表示スタート ・遺伝子組換え食品表示義務付け ・高齢者の居住の安定確保に関する法律公布 ・電子消費者契約法公布 ・プロバイダー責任制限法公布	**BSE（牛海綿状脳症）発生** 1986年：英国でBSE（脳の中がスポンジ状になる狂牛病）を確認。異常化したプリオン（感染性蛋白質）が神経組織等に蓄積する伝染病で、輸入停止などの措置がとられた。日本でも、2001年から2004年にかけて各地で発見された。2003年、アメリカでも感染牛が発見され輸入禁止の措置がとられた。

社会・経済状況	年代	主な消費者問題と消費者運動
・学習指導要領改訂、ゆとり教育のスタート ・サッカーW杯、日韓共同開催 ・住民基本台帳ネットワーク（住基ネット）稼働 ・北朝鮮拉致被害者5人、24年ぶりの帰国 ・EU12カ国単一通貨「ユーロ」流通開始	2002年 （平成14年）	・牛肉の偽装をきっかけに、食品の偽装表示が相次いで発覚 ・ヤミ金被害拡大 ・敷金返還集団訴訟
・日本郵政公社発足 ・日本産のトキが絶滅 ・地上デジタル放送が始まる ・イラク戦争勃発	2003年 （平成15年）	・**オレオレ詐欺などの架空請求・不当請求被害激増** ・アメリカでBSE感染牛を確認、同国から輸入を停止 ・キャンドルナイト（地球温暖化防止全国キャンペーン）始まる
・新潟県中越地震 ・インドネシア、スマトラ島地震 ・鳥インフルエンザ発生 ・裁判員制度法成立	2004年 （平成16年）	・個人情報流出事件相次ぐ
・規制改革、民間解放推進3か年計画 ・愛知万国博覧会（愛・地球博）開催 ・JR福知山線の脱線事故	2005年 （平成17年）	・石油ファンヒーターによる死亡事故 ・高齢者の悪質リフォーム詐欺被害が社会問題化 ・未公開株の被害が急増 ・生保、損保各社の保険金不払い発覚 ・多重債務問題が深刻化 ・**アスベスト（石綿）健康被害が明るみになる** ・マンション等の耐震強度偽装発覚
・第1次安倍晋三内閣発足 ・**法テラス（日本司法支援センター）設立** ・東京三菱銀行とUFJ銀行が合併（三菱東京UFJ銀行発足、世界最大規模） ・人口動態統計、初の自然減	2006年 （平成18年）	・シュレッダーによる幼児の指切断事故 ・シンドラー社製のエレベーターで死亡事故 ・パロマ工業製ガス瞬間湯沸かし器死亡事故発覚 ・学納金返還問題最高裁判決 ・インターネットトラブルが増加 ・ロコ・ロンドン取引の被害が表面化 ・アメリカ産牛肉の輸入再開
・憲法改正国民投票法の成立 ・夏の気温上昇で熱中症死者 ・郵政民営化スタート（郵便貯金、かんぽ、郵便3事業） ・年金記録が宙に浮く ・福田康夫内閣発足 ・iPhoneがアメリカで発売 ・アメリカでサブプライムローン問題が顕在化	2007年 （平成19年）	・菓子、生肉、料亭などで食品表示の偽装事件相次ぐ ・L&G（円天）事件 ・適格消費者団体消費者機構日本発足

消費者政策・行政の動き	解説
・電子商取引に関する準則策定 ・特定電子メール法公布 ・BSE対策特別措置法公布 ・建築基準法等の一部を改正する法律公布（シックハウス症候群対策） ・健康増進法公布 ・独立行政法人国民生活センター法公布	**オレオレ詐欺など架空請求、不当請求被害が急増** 息子や夫など家族を装い「オレオレ」と言って電話をかけ、「会社のお金を落とした。弁償しないといけない」「お金を振り込んでほしい」などと言って金銭をだまし取るオレオレ詐欺が増えた。 　2002年頃から各地の消費生活センターに「利用した覚えがないのに請求書が届いた」など、架空請求に関する相談が増えだした。 　2004年には全相談の約35％（67.6万件）にもなった。ハガキやメール、電報などで「有料サイト利用料の未払いがある、法的手段の用意がある」「連絡がない場合は、自宅に伺う場合もある」「入金がない場合は職場に回収にいく」など脅迫的な文言が書かれているものが多かった。総務省や警視庁などさまざまな機関が対策を講じた。
・個人情報保護法公布 ・食品安全基本法公布（食品安全委員会設置等）	
・消費者保護基本法から消費者基本法へ改正 ・公益通報者保護法公布 ・裁判外紛争解決手続き利用促進法（ADR法）公布	**アスベスト（石綿）被害が明るみに** 天然に産する繊維状けい酸塩鉱物で「せきめん」「いしわた」ともいう。ビル等の建築工事や建物などで保温、断熱の目的で石綿を吹き付ける作業が行われていたが、現在は、原則として製造等が禁止されている。 　石綿は、吸い込むと肺がんや中皮腫などの症状を起こすことがあるが、何十年もの潜伏期間を経て症状が現れるため、発見が遅れることが多い。
・携帯電話不正利用防止法の公布 ・食育基本法制定（同年施行） ・金融サービス利用者相談室設置（金融庁） ・介護保険法改正（地域密着型サービスの創設等） ・預貯金者保護法の公布 ・第1期「消費者基本計画」策定	**法テラス（日本司法支援センター）設立** 司法制度改革のひとつとして総合法律支援法が制定され、2006年4月、法テラス（日本司法支援センター）が誕生した。「民事、刑事を問わず、あまねく全国で、法による紛争の解決に必要な情報やサービスを受けられる社会を実現する」という理念のもと、情報提供業務や、経済的に余裕がない人に対して無料法律相談や弁護士等の費用の立替えを行う民事法律扶助業務などの事業を行っている。 　司法制度改革では、2009年に裁判員制度の開始や、法曹人口の増加と法科大学院（ロースクール）開設、ADR法の制定なども進められた。
・消費者契約法改正（適格消費者団体訴訟制度導入） ・金融商品取引法公布 ・貸金業法、出資法、利息制限法の改正（グレーゾーン金利の廃止） ・残留農薬のポジティブリスト制度開始 ・消防法改正（住宅用火災警知機等の設置義務化） ・消費生活用製品安全法改正（重大製品事故の報告義務付け、公表）	
・住宅瑕疵担保履行法公布 ・消費生活用製品安全法改正（長期使用製品安全点検、表示制度導入） ・振り込め詐欺救済法の公布	**この頃の世相** **インターネット時代へ** 2007年にiPhoneが発売されると、携帯でインターネット検索やメール送信ができるようになり、いつでもどこでもネットを利用できる環境になった。この頃からネットは急速に市民生活に浸透していった。

社会・経済状況	年代	主な消費者問題と消費者運動
・円高で12年ぶりに1ドル100円を突破 ・後期高齢者医療制度スタート ・ノーベル賞日本人4人（物理学3人のうち1人は米国籍、化学1人） ・米大手投資銀行リーマンブラザーズが経営破綻、世界経済危機 ・中国四川省で大地震	2008年 （平成20年）	・中国産冷凍ギョウザによる中毒事故問題 ・**事故米が一般飲食用に流通していることが発覚** ・メラミン混入食品が流通 ・賃貸住宅ゼロゼロ物件トラブル発覚 ・消費者主役の新行政組織実現全国会議（ユニカねっと）結成、消費者庁の創設をめざす
・民主党連立政権に交代 ・46年ぶりの皆既日食 ・裁判員制度スタート ・アメリカ、オバマ大統領が就任 ・新型インフルエンザが流行	2009年 （平成21年）	・定額給付金を装う詐欺が各地で発生 ・劇場型手口の未公開株トラブルが増加
・小惑星探査機「はやぶさ」が7年ぶりに帰還	2010年 （平成22年）	・牛、豚等の口蹄疫が流行 ・外国通貨の購入被害が増加（イラクディナールなど） ・クレジットカード現金化をめぐるトラブル増加 ・貴金属の訪問買取りのトラブル多発
・地上デジタル放送完全移行（一部除く） ・**東日本大震災（3.11）、福島第一原発が炉心熔融** ・なでしこジャパンが女子サッカーW杯優勝 ・ドイツ、脱原発可決 ・チュニジアで民主化デモ（アラブの春）	2011年 （平成23年）	・敷引特約、更新料特約の最高裁判決（原則有効） ・震災便乗商法の続出、放射能汚染による食の不安が高まる ・旧茶のしずく石鹸によるアレルギーが発覚 ・安愚楽牧場、破産手続きへ ・生食用牛肉で集団食中毒が発生 ・PSCマークのない使い捨てライター販売禁止 ・スマートフォントラブル急増 ・生食用牛肉ユッケで集団食中毒、死亡者発生
・第2次安倍晋三内閣の発足 ・日銀が金融緩和の強化を決定（ゼロ金利政策） ・東京スカイツリー完成 ・日本、原発稼働ゼロの状態に（42年ぶり）	2012年 （平成24年）	・サクラサイト商法の被害増加 ・劇場型投資被害が増加 ・オンラインゲームに関するトラブル増加 ・スマートフォンからの個人情報流出被害が増加 ・健康食品の送りつけ商法が多発 ・被害を取戻すという名目で新たな被害（二次被害）増加
・日銀が過去最大の金融緩和策を導入 ・政府が日本再生戦略を閣議決定 ・富士山、三保の松原が世界文化遺産登録 ・中国で微小粒子物質（PM2.5）大気汚染深刻化	2013年 （平成25年）	・美白化粧品でまだらに白くなる「白斑」被害続出 ・ホテル、レストランのメニュー表示の偽装事件 ・食品ロス削減運動はじまる
・消費税を引き上げ（5％から8％） ・日銀、追加金融緩和策を決定 ・2020年に東京オリンピック開催決定	2014年 （平成26年）	・大量個人情報流出 ・食の安全を脅かす事件の急増（中国工場で使用期限切れ鶏肉加工食品問題など） ・（一社）消費者市民社会をつくる会発足

消費者政策・行政の動き	解説
・福田総理、施政方針演説で「消費者庁」創設表明 ・消費者契約法改正（特商法、景品表示法に差止請求の対象拡大） ・保険法の改正、公布（10年施行）	**事故米の食用流通** 2008年8月福岡農政事務所食品表示110番に非食用の事故米穀を食用として流通させているという情報提供があり、立入調査等を実施、事実が発覚した。事故米とは、保管中にカビの発生、水漏れ等の被害を受けたもの、または、基準値を超える残留農薬が検出されたもので、食用に流通させることは禁止されている。国民の間で、米加工品の信頼が落ち、需要が落ち込んだ。
・国民生活センターADR（裁判外紛争解決手続）スタート ・資金決済法公布 ・消費者庁設置関連3法公布 ・消費者庁と消費者委員会が発足 ・地方消費者行政活性化基金の創設	**東日本大震災（3.11）福島第一原発が炉心溶融** 2011年3月11日に14時46分に起きた大震災。10m以上の巨大な津波が押し寄せた。死者行方不明者1万8000人余り、建物全壊、半壊40万戸強、避難者40万人以上だった。 　津波により福島第一原子力発電所は、電源がなくなり原子炉を冷却できない状態となり炉心溶解（メルトダウン）が発生、国際原子力事故評価尺度レベル7という重大な原子力事故となった。住民は強制避難となった。
・第2期「消費者基本計画」策定 ・消費者ホットラインが全国で運用開始 ・改正貸金業法、出資法、利息制限法が完全施行 ・消費者委員会初の建議「自動車リコール制度」	
・老人福祉法改正（90日ルールの法制化） ・「震災に関する悪質商法110番」開設 ・消費者庁に越境消費者センターを開設	農作物や水などが、放射能に汚染されているのではないかと風評が立ち、福島は風評被害に見舞われた。厚生労働省や福島県などは、農産物や水産物などの放射能検査を開始、その結果を公表。いった。
・特定商取引法改正（訪問購入の規制） ・消費者教育の推進に関する法律公布 ・消費者庁に消費者安全調査委員会発足	
・食品表示法公布栄養成分表示の義務付け、アレルギー表示の充実 ・初の『消費者白書』を発表 ・消費者の財産的被害の集団的な回復のための消費者裁判手続法の公布（特定適確消費者団体制度導入）	
・景品表示法に課徴金制度導入	

社会・経済状況	年代	主な消費者問題と消費者運動
・第3次安倍晋三内閣が発足 ・過激派組織ISILが台頭、シリア難民急増 ・パリなど世界各地でISテロ事件 ・COP21開催。パリ協定 ・総合的なTPP関連政策の決定 ・ひとり暮らし世帯34％超え（国勢調査）	2015年 （平成27年）	・毛染めで深刻なアレルギー症状 ・日本年金機構が保有する個人情報流出 ・分譲マンション基礎杭打ちデータ改ざん発覚 ・光回線サービス契約トラブルが増加 ・公益社団法人日本消費生活アドバイザー・コンサルタント・相談員協会発足
・税や社会保障に関連する共通番号制度（マイナンバー）運用開始 ・国連、持続可能な開発目標（SDGs）の取組み ・軽井沢スキーバスの事故発生 ・熊本地震 ・電力小売全面自由化 ・長時間労働による過労死、残業過少申告が問題 ・海外からの観光客2,400万人突破	2016年 （平成28年）	・大手旅行業社の顧客情報の流出 ・三菱自動車燃費データ不正問題が発覚 ・ネット通販、1回だけ購入が定期購入だったという相談が増加
・アメリカ、トランプ大統領が就任 ・北朝鮮、弾道ミサイル発射 ・都市ガス小売全面自由化 ・天皇退位特例法公布 ・民法改正 ・中学生藤井棋士誕生、羽生棋士永世七冠 ・JIS違反、無資格者検査など企業の不祥事相次ぐ	2017年 （平成29年）	・仮想通貨の購入トラブル増加 ・格安スマホのトラブル ・**NPO法人消費者スマイル基金創設** ・健康食品の健康被害、若い女性に多発 ・格安旅行会社破たん

参考図書
『戦後消費者運動史』（国民生活センター調査研究室　1997年3月）
『ハンドブック消費者2014』（消費者庁　2014年2月）
「消費者問題をふり返る『国民生活』が伝えてきたもの」（国民生活センター『国民生活』2012年4月号）
『財団法人関西消費者協会40年のあゆみ　消費者情報40周年記念号』（関西消費者協会　2006年10月）
『歩み　主婦連50周年記念』（主婦連合会　1998年11月）
『創る、つなぐ、拓く』（全国消費者団体連絡会　2006年9月）
『戦後経済史』（野口悠紀雄　東京経済新聞社　2015年6月）
『戦後史1945～2005年表』（神田文人　小林英夫　2009年3月）
『懐かしの昭和・平成流行辞典』（別冊歴史読本）NO 5　2002年4月新人物往来社編

消費者政策・行政の動き	解説
・第3期「消費者基本計画」決定 ・全国すべての市区町村に消費生活相談窓口を設置 ・越境消費者センターの運営を消費者庁から国民生活センターに移管 ・機能性食品表示制度導入 ・消費者ホットラインに「188番(いやや!)」導入 ・個人情報保護法の改正	**NPO法人消費者スマイル基金の創設** 2017年7月に設立されたNPO法人。適格消費者団体の活動によって多くの不当条項や勧誘方法が改善されてきた。こうした活動を支援、助成するために作られた。消費者、事業者などの寄付で運営されており、2017年11月、6つの適格消費者団体に初めて活動支援を行った。
・特定商取引法、消費者契約法の改正 ・第1回消費生活相談員資格試験の実施 ・衣類等の「洗濯表示」の変更 ・特定保健用食品、一部製品の許可取消し ・預託法、特商法にもとづき㈱ジャパンライフに一部業務の停止命令	**ジャパンライフ事件** ジャパンライフは1975年に設立された連鎖販売取引業者。 　最近では、磁気治療器のレンタル・オーナー契約を強引に展開していた。悪質な解約妨害などもあり、消費者庁では特定商取引法と預託法にもとづき、2016年12月から2017年12月にかけて4回、業務の一部停止などの行政処分を行った。同月、事実上倒産したと見られる。 　消費者庁によると、被害は高齢女性を中心に高額で、相談事例を平均すると1,800万円、預託者は約6,600人とみられる。
・景表法による初の課徴金納付 ・加工食品の原料原産地表示の全面義務付け ・消費者行政未来創造オフィス(徳島)設立 ・改正特定商取引法、消費者契約法施行 ・㈱ジャパンライフ経営破たんの報道	**この頃の世相** **SDGsをめざして動き出した東京オリンピック** 国際オリンピック委員会は(IOC)は国連のSDGs(持続可能な開発目標　Sustainabule Development Goals)に沿った運営を掲げている。東京オリンピックもCO_2の排出ゼロや木材、農産物、畜産物、水産物、紙、パーム油で使用基準を決め、準備段階から基準に合致したもの以外は材料として使用しないことを決めた。

国民生活センター
消費者問題に関する2017年の10大項目
・狙われる高齢者　「還付金詐欺」、「訪問購入」での相談目立つ
・依然として多い「定期購入」トラブル　20歳未満でも多くみられる
・仮想通貨の利用広がる　「必ず儲(もう)かる」と勧誘されて購入するもトラブルに
・情報通信の多様化　格安スマホなどの相談も
・子どもの事故　加熱式たばこの誤飲、宅配ボックスに閉じ込めなどが発生
・「プエラリア・ミリフィカ」を含む健康食品の危害　若い女性に多発
・格安旅行会社「てるみくらぶ」が経営破たん
・景品表示法による初の課徴金納付命令　品質への信頼揺らぐ企業の不祥事
・改正特定商取引法施行　約120年ぶりとなる民法改正も
・集団的消費者被害回復制度の整備進む　特定適格消費者団体の認定と国民生活センター法の改正

著者紹介（※平成30年2月現在）

○原　早苗

- 消費者団体事務局を経て、埼玉大学、上智大学経済学部で元非常勤講師
- 消費者行政推進会議委員、元内閣府消費者委員会事務局長
- 第3期消費者教育推進会議委員
- 近著に『消費者庁・消費者委員会創設に込めた想い』（共編著　（株）商事法務）がある。

○坂本かよみ

- 元東京都職員。消費生活相談、取引指導課、被害救済委員会業務など、消費者行政に22年間携わる。
- 現在、法テラス（日本司法支援センター）理事

○石渡戸眞由美

- 元全国消費者団体連絡会事務局。PL法制定運動、消費者契約法制定運動、司法制度改革運動にかかわる。消費生活相談員。現在、法テラス（日本司法支援センター）情報提供職員

相談対応で困らない！

いちからわかる　消費者問題

平成30年3月20日　第1刷発行

編　著　原　早苗・坂本かよみ・石渡戸眞由美
発　行　株式会社ぎょうせい

〒136-8575　東京都江東区新木場1-18-11
電　話　編集　03-6892-6508
　　　　営業　03-6892-6666
フリーコール　0120-953-431

〈検印省略〉
URL：https://gyosei.jp
印刷　ぎょうせいデジタル㈱　　　Ⓒ2018　Printed in Japan
※乱丁・落丁本はお取り替えいたします。

ISBN978-4-324-10467-5
(5108404-00-000)
〔略号：いちから消費者〕